DESBRAVANDO A **PATAGÔNIA**

Lady

FLORENCE DIXIE

DESBRAVANDO A PATAGÔNIA

'PUCHO.'

Tradução: Renata Hydalgo

SUINDARAS, EDITORA.

Grafia atualizada segundo o Acordo Ortográfico da Lingua Portuguesa de 1990, que entrou em vigor no Brasil em 2009.

Tradução: Renata Hydalgo
Ilustrações: a partir de esboços de Julius Beerbohm, gravados, na edição original, por Whymper & Pearson e trabalhadas digitalmente, nesta edição, por Maurício Pereira
Capa/Design Gráfico: Maurício Pereira
Preparação: Roberto A. Zsoldos
Revisão: Lúcia Fraga/Roberto A. Zsoldos
Imagem de Capa: Desenho a lápis de Maurício Pereira baseado na foto da litografia de Andrew Maclure, 1877

Dados Internacionais de Catalogação na Publicação (CIP)
(Câmara Brasileira do Livro, SP, Brasil)

Dixie, Lady Florence Caroline, 1855-1905
Desbravando a Patagônia / Lady Florence Caroline Dixie ; tradução Renata Hydalgo. -- Natividade da Serra, SP : Suindaras, Editora. 2024.

Título original: Across Patagonia.
ISBN 978-65-993174-3-9

1. Patagônia (Argentina e Chile) - Descrições e viagens I. Título.

24-200029 CDD-918.27

Índices para catálogo sistemático:

1. Patagônia : Argentina e Chile : Descrições e viagens 918.27

Aline Graziele Benitez - Bibliotecária - CRB-1/3129

ISBN: 978-65-993174-3-9

1ª Edição • abril • 2024

SUINDARAS, EDITORA.

Roberto Alberto Zsoldos - MEI
Sítio Recanto Casanossa - Estrada das Palmeiras, S/N
Bairro Santa Cruz - Natividade da Serra - SP
(12) 99721-0703 - contato@suindaras.com.br
www.suindaras.com.br

Lady Florence Dixie em Litografia
de Andrew Maclure, 1877 © Alamy

Dedicado a

Sua Alteza Real,
Albert Edward, Príncipe de Gales

Este livro, que descreve os seis meses em que
vaguei por terras inexploradas e nunca antes pisadas,
é respeitosamente dedicado – com a benévola permissão
– a Sua Alteza Real.
Sua devota e obediente criada, a autora.

SUMÁRIO

Nota do editor

Agradecimentos – Explicações necessárias – Pesquisa sobre a biografia da autora 13

Capítulo I

Por que a Patagônia? – Adeus – O início – Mau tempo – Lisboa – A ilha de Palma – Pernambuco 19

Capítulo II

Bahia – Rio de Janeiro – Porto do Rio – A cidade – Um aborrecimento – Tijuca – Uma noite tropical – Mais aborrecimentos – Em segurança, finalmente 29

Capítulo III

Belezas do Rio – Montevidéu – Estreito de Magalhães – Terra do Fogo – Chegada em Sandy Point – Preparação para a partida – Nossas vestimentas – Nossos guias 43

Capítulo IV

A partida para Cabo Negro – Cavalgando ao longo do estreito – Cabo Negro – A primeira noite sob a lona – Chegadas inesperadas – Nossos convidados – Piquenique de folhetim – Difícil cavalgada – Havia um som de festa 55

Capítulo V

Partida dos nossos convidados – A saída para os pampas – Os pampas – Um fatídico acidente – Um dia de esporte – Efeitos desagradáveis do vento – Partida de Cabo Gregório 67

Capítulo VI

Visita ao acampamento indígena – Um patagônio – Curiosidade indígena – Características físicas – Roupas – Mulheres – Características proeminentes – Um índio inacreditável – Superstição 77

Capítulo VII

Incêndio na pradaria 89

Capítulo VIII

Visitantes desagradáveis – "Apresse a partida dos convidados" – Partindo novamente – Um ovo de avestruz[1] – I'aria nos desorientou – "Achamos petróleo!" – Preparações para a caçada – Vento e granizo – Finalmente, um guanaco – Uma perseguição excitante – A morte – Lar – Famintos como caçadores – "Gordura atrás do olho" 95

Capítulo IX

Léguas elásticas – A Laguna Blanca – Um terremoto – Caçada aos avestruzes – Um estranho – O modo de caça dos índios – Formando o círculo – A perseguição – Um momento excitante 113

Capítulo X

Partida de Laguna Blanca – Um gato selvagem – Sopa de íbis – Um fértil desfiladeiro – Lei e igualdade indígena – Nosso primeiro puma – Covardia do puma – Desconfortos de uma noite chuvosa – Um prato misterioso – Uma boa corrida 129

Capítulo XI

Um numeroso rebanho de guanacos – Um ermitão dos pampas – I'aria se perde mais uma vez – "Chorlitos" – Uma nova emoção – Arco-íris lunar – Conhecimento do clima – Otimista e pessimista – Abundância de aves selvagens – Má sorte 141

Capítulo XII

Uma jornada monótona – Paisagem desoladora – Racionamento de combustível – As cordilheiras – Características da paisagem da Patagônia – Calor e mosquitos – Um puma novamente – "A chuva nunca se cansa" – Umidade, fome, escuridão – I'aria ao resgate – A ingenuidade de I'aria ... 151

Capítulo XIII

Uma surpresa – Uma cena peculiar – Berries[2] de Califate – Perseguição ao guanaco – Um dilema – Mosquitos – Boa pontaria – Mosquitos 165

Capítulo XIV

Um território desconhecido – Atravessando a barreira – As Agulhas de Cleópatra – Raposas – Uma boa corrida – Nosso santuário florestal – Dificuldades – Um banho – Menu variado 175

Capítulo XV

Excursão às montanhas – Mistérios das cordilheiras – Pistas do cavalo selvagem – Cervo – Homem, o destruidor 187

Capítulo XVI

Um alarme – Os cavalos selvagens – Combate equino – O selvagem garanhão vencedor – Batalha renovada – Recuo dos cavalos selvagens 197

Capítulo XVII

Excursão às Agulhas de Cleópatra – Rio sinuoso – Viagem difícil – Um estranho fenômeno – Morada das fadas – Cavalos selvagens novamente – A agilidade deles – O lago azul – Os picos de Cleópatra – A terra prometida.......... 203

Capítulo XVIII

Pensamos em retornar – Adeus às cordilheiras – O último dos cavalos selvagens – Mosquitos – Noite de tempestade – Uma calamidade – O último biscoito – Utilidade dos sinais de fogo 215

Capítulo XIX

Isidoro – Uma refeição repugnante – Pães caros – Escassez de guanacos – Desapontamento – A noite nos surpreende – Sem jantar – Jejum prolongado – Nenhuma carne no acampamento 227

Capítulo XX

Cavalos perdidos – Perspectivas desfavoráveis – Encontrados – Rações reduzidas – Uma estranha perseguição – Perseguição implacável – Mistério resolvido – "Cabeza del Mar" – Travessia segura – Uma noite molhada – Cabo Negro novamente 237

Capítulo XXI

Cabo Negro – Notícias de casa – De volta à civilização – Nossa desonrosa aparência – Desaparecimento de Pucho – A chegada de Pucho – Características de Pucho – A caminho de casa – Retrospectiva – Fim................................ 251

Notas... 263

NOTA DO EDITOR

Agradecimentos – Explicações necessárias – Pesquisa sobre a biografia da autora

Agradeço a Guilherme Cavallari, que, sem o pretender, foi o primeiro motor para que Suindaras, Editora. desse à luz esta bela obra de literatura de viagem, "Across Patagonia".

Ele o fez devido a leitura de sua obra, " Transpatagônia – pumas não comem ciclistas" (Kalapalo Editora, do próprio autor, 2015) na qual, ao relatar sua viagem solitária, cavalgando uma bicicleta, através Patagônia e Terra do Fogo, argentina e chilena, a par de suas aventuras, de seu encontro com pessoas, as mais interessantes e diversas, também conta a história daquelas regiões. E nisso, entre muitas figuras interessantíssimas, a de Lady Florence Dixie. Recomendo a leitura de "... pumas não comem ciclistas".

A leitura de "Across Patagonia", à quem o faça, permite ter de sua autora uma imagem que, se não absoluta – algo que ninguém poderá ter de ninguém – pelo menos bastante aproximada e realista, levando-se sempre em conta o contexto da época e das circunstâncias sociais, políticas e históricas em que emergiu e atuou essa personagem, Lady Florence Dixie.

Farei breve resumo de sua biografia, destacando as proeminências óbvias, dados obtidos todos em pesquisa, não exaustiva, na internet, incluindo teses acadêmicas de brasileiros, no caso brasileiras, das quais evidencio duas.

A primeira delas, de autoria de Renata Firmo Lessa, intitulada "As viajantes imperiais: discursos de gênero, percepções de alteridade e civilização em relatos de viagem do século XIX", apresentada como dissertação para obtenção de mestrado na PUC-Rio, em 2020. Apresento a seguir o "resumo" desta tese:

"Esta dissertação faz uma análise dos relatos de viagem de três autoras britânicas do século XIX: Anna Jameson, Florence Dixie e Mary Kingsley. Apesar de tratarem de contextos distintos, os relatos de viagem selecionados têm em comum a adesão a um discurso sobre a 'civilização' e manifestam uma preocupação com convenções sociais de gênero vitorianas. A partir de uma discussão sobre gênero e imperialismo, busco analisar as formas pelas quais as autoras construíram representações de si mesmas, em termos de gênero, raça e classe e como se inseriram de forma complexa no discurso colonial. Ao mesmo tempo, pretendo mostrar como essas autoras também produziram diversas representações racistas de mulheres negras e indígenas, sob a lógica da colonialidade do gênero."

Eu a li integralmente. Claro, é um ponto de vista, a meu ver, eivado daquele filtro tão em voga em trabalhos acadêmicos atuais: a leitura, e os fatos nela apresentados, devem se adequar à interpretação ideológica vigente (a atual, de nosso século XXI), homogeneizadora e predominante: a realidade, que relato, e como a vejo, é a que melhor me convém!

O outro trabalho por mim citado, "Viajantes britânicas na América do Sul: gênero e cultura imperial (1868 -1892)", de autoria de Ivania Pocinho Mota, tese apresentada para obtenção de doutorado em História Social, na USP, me pareceu bem menos tendencioso, provavelmente mais realístico e com uma mais correta aproximação interpretativa do que nos é apresentado na leitura de "Across Patagonia". Mesmo assim, notamos certo viés que tende a desnaturalizar, ou seja, a colocar os atos e intenções de Dixie num contexto não espontâneo, mas sempre como representante assumida e consciente de um estrato social. Sim, ela o era, como nós também, mas isso de modo natural e não sob o ponto de vista ideológico de uma "luta de classes": vivemos e agimos, só isso. E evoluímos, ou não. Também é um ponto de vista. Eu tenho o meu, você, leitor, terá o seu!

É citado, em um destes trabalhos, certo autor, ou autora, referindo-se à Florence Dixie, como frívola, e desinteressada da sorte dos indígenas da Patagônia, que estariam sendo alvo, justamente, na época da viagem realizada pela autora, de uma política de extermínio, no caso, por parte do governo argentino. Ora, não há uma referência sequer, disso, na narrativa de Dixie. Nem mesmo sabemos se ela tomou conhecimento desses fatos. Também é dito que ela, com suas atitudes, pretendia ocupar a posição que, na época, somente era alcançada por alguém do sexo masculino.

Não nos cabe discutir cá essas questões acadêmicas. Nem mesmo o do sexo dos anjos. Faço apenas o registro; talvez haja quem queira se aprofundar. O que posso dizer, como leitor, é que Florence Dixie, sobre quem incluo resumida biografia, era destemida, determinada, que quis, sim, e creio que o conseguiu, ocupar no mundo e na sociedade o lugar que ela acreditava ser seu por direito, ou, como se diz atualmente, "meu lugar é onde eu quiser".

Entretanto, encontramos em Florence Dixie atitudes, ou ao menos concepções mentais, racistas? Sim, especialmente sob a ótica em que nós, quase 150 anos após, vivemos. Era ela educada e civilizada, pertencente à nobreza escocesa, por extensão britânica, numa época em que a Grã-Bretanha era o império predominante em todo o globo terrestre. Era, pois, por natureza, portadora de toda a arrogância do meio em que vivia. Pertencia à elite de uma civilização de ponta, vencedora. Então, natural que olhasse aos outros povos a partir deste ponto de vista.

Fiquei, mesmo, durante meses, meditando se deveria expurgar, ou talvez encontrar meio de amenizar ou burlar, certas passagens de seu relato de viagem, especificamente quando retrata certos negros escravizados e, também, o povo local em ação, por ela observados, nos dois casos em terras brasileiras; passagens essas que são reflexo dessa arrogância de uma súdita, de alta classe social, do império no qual o Sol nunca se punha. Arrogância não intencional, nota-se. Resolvi nada fazer e deixar o texto na íntegra. Por respeito aos leitores e para não incorrer no preconceito de considera-los incapazes de compreenderem relatos históricos dentro do contexto em que ocorreram e darem o devido valor aos mesmos, inseridos e sob a ótica de sua época.

Por outro lado, ao tomarem conhecimento, embora resumidamente, da vida e atitudes de Florence Dixie, acredito que encontrarão motivos suficientes para aplaudirem sua biografia e darem à mesma sua aprovação, como mulher de boas intenções e de boa luta.

Lady Florence Caroline Dixie, nascida Douglas (1855 - 1905) de origem e se considerando escocesa, foi desde criança notada como fora dos padrões de comportamento considerados adequados a seu sexo e posição social. Apreciava e praticava atividades "masculinas" como natação, equitação, na qual se destacava; caça, que muito apreciava e que, posteriormente, em sua vida, abjurou, tornando-se inclusive vegetariana e protetora dos animais; e, veja-se sua atuação, mesmo que pela própria relatada, em sua excursão pela Patagônia.

Casou-se aos 19 anos com Sir Alexander Beaumont Churchill Dixie, o qual, nesta obra, "Desbravando a Patagônia" (Across Patagonia), não é citado pelo nome nem uma vez, e sempre como "meu marido".

Essa viagem turística à Patagônia, – sendo, senão o primeiro ser humano, pelo menos, provavelmente, a primeira a relatar por escrito, a região turística do Chile, conhecida hoje como Torres del Paine, por Florence Dixie denominada Agulhas de Cleópatra – ela o realizou quando tinha 23 anos, dois meses após o nascimento de seu segundo filho. No auge de sua juventude, beleza – sim, era bela – e impetuosidade.

Foi introdutora e incentivadora do futebol feminino, na Inglaterra e no mundo. Tomou posições políticas a favor do voto feminino; da igualdade entre homens e mulheres, especialmente no âmbito cívico-legal, inclusive nas situações de matrimônio, divórcio e herança. Tomou também posições favoráveis à Escócia e à Irlanda em detrimento da Inglaterra. Foi correspondente de guerra, no caso na África (guerra dos Bôeres), para um jornal inglês, tendo seus escritos influenciado decisões políticas referentes ao conflito. Escreveu diversos livros, incluindo dois dirigidos às crianças, todos eles "didáticos", ou seja, demonstrando suas teses de igualdade entre os sexos e, mesmo, com a chegada ao poder de uma mulher ao posto político mais elevado. Incluiu nestes livros lembranças de sua excursão à Patagônia.

Faleceu por volta de seus cinquenta anos, salvo engano vítima de difteria, sendo enterrada tal como determinara: em túmulo não demarcado por seu nome ou lápide e sem nenhuma cerimônia religiosa. Era agnóstica.

Uma curiosidade: um seu sobrinho, filho de seu irmão mais velho, foi o pivô que provocou disputa judicial a qual terminou com Oscar Wilde preso, por ser homossexual. Também foi ele, esse irmão mais velho, entusiasta do boxe, que, se não escreveu, patrocinou a elaboração das regras do boxe moderno, que levam seu nome, as regras de Queensberry.

Há um hotel, o Lady Florence Dixie, em Puerto Natales, na Patagônia chilena, base para sua principal atração, Torres del Paine, as "agulhas de Cleópatra" de Dixie.

CAPÍTULO I

Por que a Patagônia? – Adeus – O início –
Mau tempo – Lisboa – A ilha de Palma – Pernambuco

"Patagônia! Quem imaginaria viajar para um lugar desses?"

"Por quê!? Você será devorada por canibais!"

"Que diabos fizeram você escolher um lugar tão remoto do mundo?"

"Qual o atrativo disso?"

"Por que, se fica a milhares de milhas distante daqui e ninguém nunca esteve lá antes, a não ser o Capitão Musters[1] e mais um ou dois aventureiros malucos!?"

Estas frases, entre outras indagações e brados, era o que ouvia de amigos e conhecidos toda vez que contava sobre minha intenção de viajar para a Patagônia, a terra dos gigantes[2], a terra da fabulosa cidade dourada de Manoa. O que poderia haver de tão atraente em viajar para um território remoto, tantas milhas distantes? Ora, a resposta está na própria pergunta! Fiz essa escolha justamente por se tratar de um lugar tão remoto e tão distante.

A civilização e seu entorno me enfastiavam e eu queria fugir para o mais longe possível daquilo tudo. Muitos dos meus leitores, sem dúvida, vez ou outra, já se sentiram insatisfeitos consigo mesmos e com as outras pessoas, sentimento esse que surge de tempo em tempo, em meio aos prazeres da vida, quando a superficial artificialidade da existência moderna nos causa fadiga, quando as coisas deixam de ser estimulantes e cresce um desejo de viver algo maior do que a monotonia definida socialmente como "prazer".

Bem, foi munida desse espírito que me lancei na busca por algum lugar que pudesse satisfazer minhas demandas e, finalmente, decidi pela Patagônia como o mais apropriado. Sem dúvida, existem outras regiões selvagens com natureza muito mais abundante.

Mas em nenhum outro local se está completamente sozinha, com uma área de cerca de 260 mil metros quadrados para galopar livremente, apreciando o clima saudável e revigorante, livre da febre, de amigos, tribos selvagens, animais irritantes, cartas e telegramas ou qualquer outra perturbação à que se está exposto normalmente.

Somado a isso, eu estava fascinada pela ideia de explorar aquela terra selvagem e virgem aos pés humanos. Cenas de infinita beleza e grandiosidade deveriam estar escondidas por entre a silenciosa solitude das montanhas, que fazem fronteira com as planícies de vegetação rasteira[3] dos pampas, em cujos misteriosos confins ninguém ainda havia se aventurado. Seria eu a primeira a contemplá-las? – um prazer egoísta, é verdade; mas a ideia me parecia muito atraente, assim como para muitos outros. Portanto, certa da combinação de todas essas ponderações, eu havia decidido que a Patagônia seria a área escolhida para as minhas novas experiências.

Meu grupo era formado por meus dois irmãos, Lord Queensberry e Lord James Douglas, meu marido, eu e um amigo, Sr. J. Beerbohm, cujo livro *"Wanderings in Patagonia"* ("Andanças pela Patagônia") tinha acabado de ser publicado quando saímos da Inglaterra.

Levamos apenas um criado conosco, cientes de que os criados ingleses podem se tornar um incômodo e um transtorno em tais expedições, quando se atravessa todo tipo de desconforto e precariedade, uma vez que possuem a habilidade de caírem doentes em momentos inoportunos.

Nossas vestimentas ficaram prontas sem demora, e foram enviadas juntamente com nossas bagagens a bordo do navio "Britannia", que partiu de Liverpool em 11 de dezembro de 1878. Nós nos juntamos à embarcação em Bordeaux, na França, de modo que tivemos um dia a mais na Inglaterra.

Então, chegara o momento da tarefa mais difícil: a despedida dos amigos. Eu detesto despedidas. E, às vésperas de uma longa viagem, é inevitável pensar sobre o quão tudo é incerto nesse mundo. As vozes que sopram boa sorte em sua partida podem emudecer para sempre, antes de seu retorno. Cada rosto amigo, que vividamente segura suas mãos, traz à memória um momento agradável. Naquele instante, lembravam um dia quente de agosto entre as colinas púrpuras da Escócia, quando uma cesta cheia de comidas deliciosas era acompanhada por atividades geralmente muito empolgantes. As altas terras escocesas nunca pareceram tão belas, e era uma felicidade imensa descer a pradaria em direção a casa. Dias que terminavam em noites ainda mais alegres. Com um suspiro, conforme os amigos partem, você se pergunta se subirá aquele urzal[4] novamente.

As lembranças agora estão em Leicestershire. A explosão vibrante da corneta do caçador ecoa enfaticamente através do límpido ar de uma bela manhã de caçadas. A raposa partira, o que indica um bom começo para você e seu amigo. "Venha" – ele chama – "vamos ver essa corrida juntos!" Lado a lado, vocês pulam a primeira cerca, montam seus cavalos e cavalgam pela imensidão do campo.

Como é nítida a lembrança daquele passeio, de cada cerca que pularam juntos, os troncos de madeira que saltaram e os buracos nada convidativos dos quais, por sorte, ambos escaparam em segurança. Recorda-se, sobretudo, do jardim da velha fazenda, onde a valente raposa perdeu sua vida.

Enquanto isso, com um sorriso forçado e um comentário clichê, você parte. E talvez nunca mais escutem juntos a corneta do caçador, nem atravessem correndo o cercado dos bois, nunca disputem o primeiro lugar na caçada novamente.

Com esses pensamentos rondando minha mente, começo a imaginar porque eu quis deixar a Inglaterra. Naquele momento, eu só tinha memórias agradáveis do passado e, recordando-as, esqueci as motivações e circunstâncias que haviam me despertado o desejo de embarcar nessa aventura.

O austero sexo oposto possivelmente irá repreender esta demonstração feminina de instabilidade de propósitos. Permita-

-me dizer, em minha defesa, que essa fraqueza durou apenas os mesmos mínimos instantes que levei para escrever essas linhas.

14 de dezembro – De Bordeaux, em uma fria e chuvosa tarde, embarcamos num tender[5], para nos juntarmos ao "Britannia", que estava ancorado em Pauillac. Fomos recebidos a bordo pelo Capitão Brough, que nos guiou, muito interessados pelo refinado navio que seria nosso lar por algum tempo. Seria supérfluo descrever a excelência das instalações internas; alguns dos meus leitores, imagino, estão familiarizados – por experiência própria ou por relatos – com o conforto e a suntuosidade de um vapor oceânico de passageiros.

Prontamente a âncora foi suspensa, a hélice começou a girar e, enquanto ainda nos recobrávamos do susto causado pelo estampido dos tiros que saudavam a nossa partida, Pauillac mal se distinguia entre a chuva e a névoa que cobriam a popa. À hora do jantar, já não se via mais terra firme, chovia fortemente e os marinheiros se entregavam aos prognósticos de mau tempo.

Saí para espiar a noite e dei de cara com a charmosa cabine do capitão, no deque, onde meus companheiros de viagem estavam imersos em uma complexa discussão – na qual eu também tomei parte – sobre uma carta do jogo de *whist*[6].

Conforme as horas passavam, notávamos a piora do tempo através do balanço do navio e o ruído do vento, mas estávamos tão confortáveis em nossas cabines, com as cortinas baixadas e os abajures acesos, que foi uma surpresa quando, a cerca de nove horas, o capitão veio nos avisar que atravessávamos um corriqueiro vendaval.

As palavras mal tinham acabado de sair da boca do capitão quando o navio subitamente adernou sob uma tremenda colisão, e, em seguida, o deque foi inundado por uma rajada de água. Corremos para o lado de fora, imaginando que a embarcação tivesse se chocado contra uma rocha. A noite estava escura como breu e o barulho do vento, os gritos dos marinheiros e a enxurrada da água, ao longo do deque, aumentavam ainda mais, com seu ruído ensurdecedor, nossa ansiedade.

Felizmente, o estrondo que ouvimos não tinha sido nada além da força do mar batendo de encontro à proa e lambendo o casco de volta, estraçalhando o que estivesse em seu caminho, vergando colunas como se fossem meros fios.

Tão logo o rebuliço causado pelo incidente fora contornado, retornamos à nossa partida de *whist*, gratos por não ter sido nada mais sério. Às onze horas, quando todas as luzes do navio foram apagadas, nos dirigimos às nossas cabines para a primeira noite a bordo do "Britannia".

O dia seguinte amanheceu bonito e ensolarado, e, assim, o tempo se manteve até chegarmos a Lisboa, três dias após termos deixado Bordeaux, quando piorou novamente. Permanecemos um dia em Lisboa para o carregamento de carvão e de suprimentos frescos, e, então, novamente levantamos âncora, para só lançá-la de volta ao mar quando chegássemos ao litoral do Novo Mundo.

Assim que começou a amanhecer o segundo dia, após nossa partida de Lisboa, fui acordada pela velocidade com que as velas eram recolhidas a meio mastro, pois se acostuma tanto à vibração das engrenagens que qualquer mudança de movimento o desperta. Olhando pela janela da minha cabine pude ver que estávamos próximos de terra firme, portanto, vesti-me rapidamente e fui para o deque. Parecíamos estar à curta distância de uma ilha, onde íngremes colinas de tons vibrantes erguiam-se contra a pálida luz do céu da manhã.

Em um ponto da costa, piscava a luz vermelha giratória de um farol, tornando-se cada vez mais fraca à medida que o dia clareava, até que uma bruma dourada inundou o horizonte ao leste. Na escuridão, a ilha parecia apenas uma imensa rocha, mas a luz do dia revelou a exuberante vegetação do local. Notava-se a presença humana por casinhas brancas, aninhadas em recantos íngremes como se fossem escorregar dos verdes declives. Era a ilha de Palma, uma das que compõem o arquipélago das Canárias e que, embora pareça pequena, abriga um bom número de habitantes, além de enviar um considerável número de imigrantes para o Rio da Prata, onde os “canários”, como são chamados, são muito apreciados por serem trabalhadores qualificados.

Os dias passavam rapidamente e, conforme nos aproximávamos da linha do Equador, o calor ficava cada vez mais intenso. O dia de Natal não parecia ser o mesmo nos trópicos, porém, ainda assim mantivemos a tradição com um verdadeiro banquete preparado pelo comissário chefe, alegria reinando e vários discursos proferidos.

Chegamos a Pernambuco no dia 28 de dezembro. Não descemos ao litoral, passamos apenas algumas horas no porto. Ademais, fôramos informados de que não havia nada para se ver ali.

Assistimos, entretidos, à chegada dos novos passageiros, brasileiros, que iriam para o Rio conosco. A tamanha disposição deles parecia disputar com a de Salomão em seus dias de glória – embora os altos chapéus, as calças brancas e as casacas parecessem ridiculamente inapropriadas para alguém a bordo de um navio. Não menos engraçado foram as efusivas e afetuosas despedidas com abraços apertados e patética troca de beijos, sem nenhuma demonstração de timidez em relação a nós, espectadores, o que foi, ao mesmo tempo, edificante e revigorante. *Autres pays, autres moeurs.*[7]

Alguns barqueiros trouxeram cestas com os famosos abacaxis brancos de Pernambuco. Compramos alguns, que estavam deliciosos: a única fruta tropical que, em minha opinião, concorre em sabor com as europeias. "Saborosa fruta tropical" soa muito bem, assim como "brilhante Cruzeiro do Sul", mas, conhecendo um pouco dos dois, pode-se dizer que ambos são bastante desapontadores, dissipando qualquer ilusão que se possa ter a respeito a partir das narrativas entusiasmadas de viajantes cheios de imaginação.

Não demorou até que o capitão estivesse de volta com correspondências e outras coisas. Um sino foi tocado e, então, os vendedores de frutas partiram apressadamente pela lateral do navio, tagarelando e gritando, enquanto os passageiros brasileiros trocavam últimos beijos com seus amigos. A âncora foi suspensa, a hélice começou a girar, *bang!* – nossa saudação de partida – e, graças a Deus, estávamos no mar novamente, com uma brisa suave nos refrescando, uma bênção depois de todo aquele calor sufocante.

CAPÍTULO II

Bahia – Rio de Janeiro – Porto do Rio – A cidade – Um aborrecimento – Tijuca – Uma noite tropical – Mais aborrecimentos – Finalmente, em segurança.

Um dia após termos saído de Pernambuco, baixamos âncora novamente, desta vez na magnífica "Bahia de Todos os Santos", onde a vastidão das dimensões faz jus ao nome. A Bahia foi construída no cume de terra, que corre para dentro do oceano, formando um vértice na entrada do porto. A cidade fica meio escondida entre enormes bananeiras e coqueiros, o que a torna bastante pitoresca quando vista a bordo do navio.

Tomamos o café da manhã e, acompanhados pelo capitão, dirigimo-nos para o litoral, onde caminhamos durante cerca de uma hora pelas ruas e mercados da cidade baixa, localizada justamente abaixo do mencionado cume. Achamos o lugar feio e sujo, como bem poderia ser, mas, de qualquer forma, nosso olfato não chegou a ser prejudicado pelos odores desagradáveis que impregnavam o ar.

Havia muito movimento por todos os lados. As ruas estavam enxameadas de escravos negros - homens e mulheres - carregando pesadas porções de charque, sacos de arroz e outras mercadorias, levando e trazendo os produtos dos armazéns que margeavam o cais. Todos pareciam muito felizes, a julgar pelo falatório e as incessantes risadas, e também não pareciam sobrecarregados, acredito, porque eram, na maioria, suficientemente roliços, especialmente as mulheres, muitas delas inconvenientemente gordas. Encontrando pouca coisa que nos detivesse na cidade baixa, fomos transportados à parte alta por um elevador hidráulico, que faz viagens de subida e descida a cada cinco minutos.

Na parte alta, tomamos um bonde puxado por mulas, que nos lançou por entre ruas estreitas até um conhecido local da cidade. Já fora da cidade suja, passeamos por uma rua agradável, margeada em ambos os lados por lindas pequenas vilas, sombreada por palmeiras e bananeiras, e rodeada por jardins cuidadosamente aparados, que cintilavam com a profusão de flores tropicais. Aqui e ali podíamos vislumbrar o mar e, conforme seguíamos, descobrimos que o bonde estava nos levando ao ponto extremo do cume. Até que atingíssemos o topo, tivemos que trocar de transporte uma ou duas vezes, já que ocasionalmente chegávamos a ladeiras tão íngremes que vagões subiam e desciam movidos por máquinas hidráulicas, instaladas para circularem com os bondes comuns.

Desse modo, finalmente estávamos à beira-mar, próximos a um farol localizado em uma posição estratégica, na ponta extrema da costa. A nossa frente, a vista era esplêndida. A imensa baía deitada sob nossos pés espalhava-se pelo oceano, pontilhada por minúsculas velas brancas dos numerosos catamarãs – como os estranhos barcos de pesca nativos são chamados – e que pareciam gaivotas brancas repousando sobre as águas azuis.

Entretanto, o calor era tão forte que logo tivemos que nos refugiar em um pequeno café, onde aproveitamos para fazer uma refeição. Em seguida, deixamos a Bahia do mesmo modo como chegamos, nem um pouco pesarosos por estarmos de volta a bordo do fresco e limpo navio. Meia hora após embarcarmos, a âncora foi suspensa e nosso vapor seguia a rota para o Rio de Janeiro.

Passamos o Natal e a virada do Ano Novo no mar e celebramos as datas com muitas festividades. Nossa vida a bordo era completamente agradável, graças à gentileza e atenção do capitão e de seus oficiais. Assim, os dias passavam com uma rapidez surpreendente. Quatro dias depois de termos deixado a Bahia, às primeiras horas da manhã, avistamos terra novamente, no Rio de Janeiro.

Ansiosa para não perder nada daquele cenário, eu já tinha me levantado por volta das quatro horas, e não houve motivo algum para me arrepender de minha avidez. Havíamos passado Cabo Frio e navegávamos pelo litoral, que vai do cabo à entrada da baía. Uma pesada bruma pairava sobre os picos e as colinas, cobrindo seus contornos, e, ao longo da costa, quebrava a arrebentação, taciturnamente urrando contra a base das falésias e caindo abruptamente de volta ao mar. Ainda era tudo cinza e indistinguível.

Entretanto, sob a presença do sol, que por um longo tempo tinha lutado contra a névoa, tudo a nossa frente reluziu vitoriosamente; a neblina se dissipou como mágica, revelando, banhado pelo brilho do amanhecer, um cenário grandioso de rochedos e montanhas cobertos por palmeiras que se estendiam na vista além do alcance, mais distante do que os olhos podiam enxergar. Diante de nós, estava o porto do Rio, com o imenso Pão de Açúcar ereto como sentinela daquela paisagem. O formato é exatamente igual ao artigo de mercearia que o nomeia, uma massa sólida de rocha lisa, que se ergue a uma altura de 396[1] metros. O seu cume, por muito tempo considerado inacessível, foi alcançado por ingleses comuns alguns anos atrás. Para desgosto e raiva dos habitantes do Rio, esses jovens aventureiros plantaram a *Union Jack*[2] no ponto mais alto do Pão de Açúcar, onde tremulou sem que ninguém se atrevesse a subir lá para baixá-la, até ter sido varrida por uma brisa patriota.[3]

Na direção oposta fica o Forte Santa Cruz[4], que com suas 120[5] peças de artilharia representa a principal defesa do porto. Nosso navio foi deslizando pelas águas em frente à fortaleza, enfileirando-se com as numerosas embarcações que se esparramavam pela baía. Sem demora, baixamos âncora e tivemos algumas horas livres para examinar o porto, um dos maiores e de melhor qualidade do mundo. Cobrindo uma área de cerca de vinte e cinco quilômetros na direção norte-sul, o porto se abre gradualmente, medindo cerca de 1.200 metros na entrada até atingir vinte e quatro quilômetros em sua cabeceira.

A cidade localiza-se no lado oeste da baía, a pouco mais de três quilômetros da entrada. Está apoiada em uma alta cadeia de montanhas formando a mais aprazível visão. O porto é salpicado por montanhas que, vistas da baía, repousam como um oceano verde, pequenas ilhas, e, em toda a costa, há povoados dispersos, assentamentos rurais e plantações.

Tão logo o capitão finalizou suas obrigações, pegamos nossos lugares no barco e nos dirigimos à praia. Atracamos em um sujo e escorregadio calçamento de pedra e fomos cercados por uma multidão de negros, que tagarelavam e arreganhavam os dentes, gesticulando como macacos.

Seguimos caminhando por entre os escravos, passamos pelo mercado e, depois de uma sequência de ruelas abafadas e sujas, por fim, chegamos à principal via da cidade, razoavelmente larga e sombreada por uma fileira de árvores em ambos os lados.

Os prédios públicos do Rio eram notáveis por sua peculiar feiura. A maior parte deles é pintada de amarelo, um tom que parece prevalecer aqui, possivelmente para harmonizar com a aparência dos moradores. A catedral não foge à regra. Entramos nela por um momento, pensando que talvez fosse possível ver algumas imagens da época da dominação portuguesa. Todavia, encontramos tudo coberto por tecidos de linho cru marrom. Nossa Senhora da Francisca, ou qualquer que fosse a virgem santa à qual a igreja era dedicada, estava enrolada em um papelote e não conseguimos ver nada, embora sentíssemos um odor bem mais forte do que seria apropriado. Honestamente, eu não invejo os santos pelo cheiro da santidade. Para as minhas narinas mundanas, esse cheiro tinha o mesmo aroma marcante de alho e outras abominações. Rapidamente nos cansamos de ficar vagando sem destino e, como desejávamos permanecer na cidade por mais algum tempo, alugamos uma carruagem e nos dirigimos para um lugarejo de nome Tijuca, localizado no alto, entre as colinas atrás do Rio.

Nosso veículo era puxado por quatro boas mulas, que galopavam pelas ruas a uma velocidade indesejável – muito por conta do nitidamente inábil condutor. Protestamos com ele, mas fomos informados de que era costume local dirigir naquela velocidade. Então, em deferência ao "costume local", o galope ia a todo vapor, com a carruagem raspando nos postes de iluminação, fazendo curvas acentuadas, assustando os pedestres, sem nenhuma preocupação em importuná-los, ou mesmo em sermos importunados por outros veículos que estivessem no caminho.

Senti-me grata por termos deixado a cidade em segurança. A rua, onde agora estávamos, localizava-se em um belíssimo cenário, e o calor, embora considerável, não era opressivo o suficiente para interferir no meu divertimento. Após algumas horas de percurso, paramos para que as mulas descansassem, próximo a um riacho de águas ondulantes que corriam de uma sombreada vegetação lateral. Sentei-me sob uma bananeira, deixando que meus olhos vagassem com preguiçosa admiração pela paisagem aos nossos pés. Tínhamos gradativamente atingido uma boa altitude e, por entre as frestas de folhas e flores, eu podia ver a cidade, a baía azul enfeitada por ilhotas verdes e, ao longe, as montanhas rugosas cobertas por uma suave névoa, como um véu de prata sobre suas púrpuras ladeiras.

Quando as mulas haviam descansado o suficiente, voltamos à carruagem. Novamente com vívidos trotes, não demorou muito até que atingíssemos o alto de um morro, aos pés do qual, em um pequeno vale, está localizada a Tijuca. Antes de chegarmos, precisávamos descer um trecho bastante íngreme, onde uma das mulas, por birra ou exaustão, recusou-se a segurar a carruagem. O condutor afirmou que o animal estava apenas sendo temperamental e começou a açoitá-lo. Prevendo o resultado, todos descemos da carruagem, deixando o homem por sua própria conta e risco. Ele insistiu em chicotear a recalcitrante mula e, como era de se esperar, num instante todos os outros animais dispararam, deixando à companheira a opção de seguir o exemplo deles ou cair. A mula escolheu a última opção e, depois de um bocado de deslizes e escorregões, estatelou-se no chão. As outras três, assustadas, imediatamente desembestaram e, assim, perdemos de vista nossa carruagem com o condutor em uma nuvem de poeira. Descemos a colina o mais rápido que pudemos, ansiosos para verificar o estado de segurança do cocheiro. Conforme aceleramos o passo, deparamo-nos com um pedaço de arreio quebrado e, no instante em que dobramos uma acentuada curva, subitamente encontramos a carruagem virada de cabeça para baixo, as mulas confusamente amontoadas, se debatendo e dando coices. O cocheiro, sem ferimentos, porém assustado, estava sentado na grama, na lateral da rua. A ajuda veio ali mesmo da Tijuca, que ficava perto. As mulas foram soltas e a carruagem, que estava sobre uma delas, foi levantada. Todos achavam que a mula, a qual havia sido arrastada pela carruagem e estava debaixo dela, estivesse morta. Entretanto, para a nossa surpresa, assim que teve seus membros libertados do veículo, a mula saltou e começou a trotar sem demonstrar nenhuma preocupação com os numerosos ferimentos que cobriam todo o seu corpo. Um cavalo em tal estado teria ficado completamente atemorizado e, provavelmente, nunca mais voltaria a ter alguma utilidade.

Deixamos o cocheiro fazendo o melhor que podia naquela situação e descemos para o Hotel Whyte[6], confortavelmente acomodado entre palmeiras e bosques de laranjeiras, na Tijuca. O prédio, com seus quartos limpos e frescos, sombreado por varandas, parecia, particularmente, convidativo, comparado aos estabelecimentos por onde havíamos passado. Além disso, também foi agradável o fato de termos sido recebidos por ingleses – nacionalidade do proprietário e de seus funcionários.

Passado o hotel, corre um pequeno riacho que alimenta de água um reservatório talhado na pedra, onde os visitantes podem se refrescar com um mergulho, privilégio do qual os cavalheiros de nosso grupo não se demoraram em desfrutar.

Após descansar um pouco, saí para dar uma volta pelo bosque, oferecendo aos meus olhos um banquete de beleza e novidade com aquela flora. Tentar descrever o encantador vislumbre da paisagem, com a qual eu então me deparava, só provocaria injustiça.

Porém, mesmo um paraíso como esse tem seus inconvenientes, que eu descobriria em breve. Eu estava quase me jogando sobre um macio banco verde, decorado por franjas de samambaias douradas e prateadas, e begônias escarlate, que se esticavam ao longo de um cintilante córrego, quando, de repente, minha pequena *terrier* se lançou sobre alguma coisa que estava em cima do banco e a perseguiu por um segundo, até que o meu chamado a trouxesse de volta. "Alguma coisa" era uma cobra urutu cruzeira[7], cuja picada é quase que instantaneamente fatal e, enquanto eu corria de volta para solo seguro, agradeci às estrelas por ter sido poupada de um encontro mais íntimo com esse réptil mortal.

Ao retornar, tomei um banho no reservatório citado há pouco, o que foi um maravilhoso refresco. E, então, nos sentamos para jantar, finalizando o dia com um alegre entardecer musical.

Antes que eu fosse para a cama, seduzida pela beleza da noite, passeei durante uma hora ou mais pelo bosque atrás do hotel e, paulatinamente, atraída pelo som de queda d'água, encontrei meu caminho até uma cachoeira que caía das rochas no alto, tracejando sua espuma diretamente para uma larga bacia, girando e borbulhando sobre uma cama de pedras até desaparecer na sombra de um solitário vale, estreito e profundo. A lua, que agora resplandecia brilhante, lançava uma pálida centelha sobre as águas, enquanto miríades de vaga-lumes piscavam por todo lado como uma chuva de faíscas. Não se ouvia um ruído senão o bramido da água, e, raramente, um sopro de vento mexia a gigantesca folhagem da floresta adormecida. Por um bom tempo, rendi-me à dulcificante influência do meu entorno, pensando, em meio ao esplendor daquela noite tropical, no querido velho continente, agora tão distante, sem dúvida coberto de gelo e neve.

Como tínhamos que estar a bordo do vapor ao meio-dia, as bagagens foram solicitadas às oito horas, quando eu já estava em pé e tinha tomado o café da manhã. O capitão, meu marido, meu irmão e eu seguimos em uma carruagem levada por duas mulas. Queensberry e Sr. B. seguiram no Vitória[8].

Nos despedimos do Sr. Whyte e pedimos ao cocheiro, o mesmo descuidado que havia nos conduzido um dia antes, que seguisse com cautela. Contudo, novamente por alguma razão inexplicável, ele estalou o chicote e a corrida começou a fortes galopes. Mais uma vez, as mulas dispararam e, como um raio, descemos a pequena ladeira do hotel à rua feito uma bala. Em seguida, ao fazer uma curva fechada, nos seguramos à carruagem tão retesados como se estivéssemos mortos. Seguimos dessa forma, com a carruagem saltando e balançando sobre as duas rodas esquerdas para, em seguida, atingir o canto de uma ponte de ferro, sobre a qual caiu, nos enterrando, os quatro azarados, debaixo dela, e arremessando o cocheiro para o córrego abaixo da ponte. Felizmente, o impacto também lançou as mulas, porque se elas tivessem continuado a galopar, amontoados a esmo como estávamos por entre as rodas do coche, o acidente teria terminado em desastre. Do modo como aconteceu, escapamos miraculosamente. O cocheiro, que havia se levantado do riacho, encharcado e cabisbaixo, ouviu um banho de esconjuros, bem merecidos por sua estupidez e falta de cuidado. O homem fez algumas tentativas medíocres de se explicar, mas ninguém entendia o que dizia e ele apenas conseguiu agravar a virulência de nossa justificada ira.

Todavia, algo tinha de ser feito se quiséssemos estar no navio ao meio-dia. O Vitória era agora o único transporte possível, mas não cabíamos todos nele. Por um golpe de sorte, enquanto debatíamos a questão, avistamos uma diligência que passava por ali, com assentos vagos para acomodar alguns de nós. Queensberry, Sr. B. e eu seguimos no Vitória.

O novo cocheiro nos assegurou que as mulas estavam perfeitamente calmas e, como ele mesmo parecia ser um homem mais estável do que a outra infeliz criatura, ficamos mais relaxados e seguimos calmamente. Porém, por mais estranho que possa parecer, estávamos condenados a um terceiro aborrecimento. Quando chegamos a um íngreme declive, ao invés de conduzir devagar, nosso condutor, por um motivo inexplicável, efetivamente incitou os animais à galopada. Pedimos que parasse, mas a situação já estava fora de controle, com as mulas novamente em disparada e, para tornar as coisas ainda piores, um dos cabrestos se partiu, nos deixando à mercê de um acidente. Em um trecho de ladeira, uma das laterais da rua estava danificada, e, a cada vez que o sacolejante coche balançava em uma das pronunciadas curvas, ficávamos no iminente perigo de sermos arremessados para um precipício de noventa metros de profundidade. O risco dessa eventualidade aumentava por conta de nossa velocidade, e o menor dos males agora era optar por saltar da carruagem. Pois foi o que fizemos, em um local oportuno. Por sorte, embora tivéssemos ficado machucados e com severos cortes, nenhum osso foi quebrado.

Por um segundo, o cocheiro teria desaparecido no precipício, não fosse uma das mulas ter tombado, atuando como uma barreira para ele e permitindo que controlasse a outra mula bem a tempo.

Passar por três acidentes em vinte e quatro horas foi demais para nós. Com votos de não encontrarmos nenhum outro cocheiro brasileiro pelo resto de nossas vidas, terminamos nosso percurso a pé, chegando ao "Britannia" com duas horas de atraso. Estávamos com uma aparência bizarra, nossas roupas rasgadas e sujas de poeira, nossos rostos cobertos por cortes e machucados. Depois de um banho e alguns curativos, estávamos apresentáveis. Sem demora estávamos no deque novamente, em tempo de um último olhar sobre o Rio enquanto o vapor partia.

CAPÍTULO III

Belezas do Rio – Montevidéu – Estreito de Magalhães – Terra do Fogo – Chegada em Sandy Point – Preparação para a partida – Nossas vestimentas – Nossos guias

Não pude conter uma pontada de arrependimento conforme nosso vapor deixava o porto do Rio. Deve haver cena mais impressionantemente sublime; há, sem dúvida, paisagens modeladas em escala mais colossal. Ao lado das montanhas do Himalaia ou dos Alpes, as que formam o entorno do Rio são insignificantes, e não é preciso sair da Inglaterra para encontrar cenários charmosos e românticos. Mas nenhum outro lugar é tão ríspido e terno, bruto e suave, nenhum tem a mistura tão extraordinária do Rio, e é essa qualidade incomparável de contrastes que, para mim, dá àquele cenário seu encanto de insuperável amabilidade. Nenhum outro lugar tem tanta audácia, tanta ferocidade nos contornos, unidos a um multiforme esplendor de cor e delicadeza de detalhes, moldado por fadas. Assim como uma joia preciosa encrustada em pedra rústica, a sorridente baía repousa rodeada por carrancudas montanhas de proporções colossais e das mais caprichosas formas.

Discrepantes forças da natureza contribuíram durante a produção desta obra: a terrível ação do vulcão, rochas imensas empilhadas como massas irregulares em direção às nuvens, vestidas com uma teia brilhante de vegetação tropical, tecidas pela luz do sol e pela bruma. Aqui, a natureza festeja em diversas réplicas, a vida se multiplica em um milhão, o solo queima com a exuberância da fertilidade e a profusão da fauna e da flora é empobrecida pela mera descrição. Cada árvore é paramentada por milhares de trepadeiras exuberantes, florescidas em violeta e escarlate; estas, por sua vez, suportam miríades de líquen e outros parasitas verdes.

As plantas se abrem com magnífica rapidez e reluzem com flores dos mais variados matizes de cores e formas, ou carregam variedades de frutas apetitosas, prazerosas de olhar e saborosas ao paladar. O ar ecoa o murmurar dos insetos; beija-flores cintilantes voam rente às vivas folhas verdes das bananeiras, lindas borboletas enormes flutuam, radiantes a cada cor do arco-íris sobre a brisa das flores perfumadas. Entretanto, acima de toda essa beleza, do viço da vegetação, acima da suavidade do ar tropical, do esplendor do brilho do sol e do perfume das flores, a pestilência lança seus miasmas fatais, e como a espada de Dâmocles[1], a febre amarela paira ameaçadoramente sobre as cabeças dos que vivem nessas adoráveis paisagens.

A natureza, contudo, não pode ser responsabilizada por essa desvantagem em relação às suas tão charmosas criações. Com melhores sistemas de tratamento de esgoto e hábitos de higiene da população, não existiriam motivos para o Rio não ser um local perfeitamente saudável. Para exorcizar os demônios que anualmente flagelam seu povo, não é preciso se aproximar de magia negra[2]. Uma boa esfoliação com escova e sabonete de Windsor são a única bruxaria a ser utilizada nesse caso.[3]

Quatro dias após termos deixado o Rio, chegamos a Montevidéu, mas como tínhamos saído de um porto infectado, para nosso desgosto, tivemos que passar por uma quarentena e não pudemos descer do navio. Após descarregarmos o que seria deixado em Montevidéu, seguimos para uma pequena ilha, onde deveriam desembarcar os passageiros em quarentena, entre os quais estava meu irmão Queensberry, que desejava passar quinze dias em Montevidéu e pegaria o vapor seguinte. A ilha da quarentena, que era desocupada e rochosa, não parecia nem um pouco convidativa, e eu não invejei meu irmão por sua estada de três dias ali. Ele me contou, depois, que foi o período mais terrível de toda a sua vida, tendo que fazer suas necessidades fisiológicas básicas da maneira mais primitiva.

Os dias, após termos deixado Montevidéu, passaram rapidamente e como a temperatura estava comparativamente mais fresca, pudemos nos entreter com todos os tipos de jogos no deque. Depois de sete dias no mar, avistamos Cabo Virgens, localizado na entrada do Estreito de Magalhães. O ponto a nordeste é chamado de Cabo Espírito Santo e a distância entre os dois cabos é de 35 quilômetros. Enquanto atravessávamos a intrincada passagem da "Primeira Garganta", que não tinha mais do que três quilômetros de largura, eu passava os olhos com interesse sobre a terra para a qual eu tinha atravessado tantas milhas para ver – finalmente – a Patagônia! A paisagem parecia desolada e triste, uma sucessão de platôs nus, onde não se avistava uma árvore ou um arbusto sequer; um lugar cinza e sombrio que aparentava não pertencer a esse mundo, uma paisagem que se espera encontrar, de fato, em algum outro planeta.

Como eu ainda estivesse impressionada pelo brilho e exuberância da vida tropical no Rio, o que eu tinha em mente teria que sucumbir, em intensidade, ao vago fascínio e encantamento produzidos pela visão da enorme solidão deserta diante de mim.

Após nossa passagem pela Segunda Garganta, avistamos a ilha Elizabeth, assim nomeada por Sir Francis Drake. A praia era coberta por pássaros selvagens e aves marinhas, principalmente, corvos. Bandos deles sobrevoavam o entorno do navio, e o mar era literalmente cheio de gaivotas e todo tipo possível de aves marinhas.

Logo estávamos lado a lado com o Cabo Negro, a cerca de vinte e dois quilômetros de Sandy Point[4]. Ali, a paisagem mudou repentinamente, uma vez que Cabo Negro é a última ponta ao sul das Cordilheiras, que acompanham a costa, juntando-se ao espinhaço além de Sandy Point. Todos esses cumes, além das próprias Cordilheiras, são cobertos por florestas de faias[5] e uma grossa vegetação rasteira de espécies de magnólias. Todavia, essa vegetação termina abruptamente, como os cumes, indo do densamente florestado de um lado ao completamente estéril de outro, sem nenhuma escala entre eles.

Conforme seguíamos, passamos por algumas canoas com fueguinos[6], que são os habitantes da Terra do Fogo, mas eles estavam distantes demais para que eu pudesse julgar sua aparência, embora eu teria gostado de dar uma boa espiada neles. Eles têm a reputação de serem canibais, sem dúvida justamente. Contaram-me que, no inverno, quando os alimentos são escassos, eles matam os idosos (homens e mulheres) de seu próprio povo, apesar de preferirem obviamente um homem branco, se conseguirem algum.

À uma hora baixamos âncora em Sandy Point. Esse povoado é chamado pelos chilenos, a quem pertencem, de "A Colônia de Magalhães". Já foi, outrora, uma colônia penal, mas o grande aumento do tráfego através do estreito chamou a atenção do governo chileno para a importância que o lugar poderia finalmente assumir e que, por isso, concedeu terras e incentivos aos imigrantes. Contudo, a colônia nunca prosperou conforme o esperado e, durante um motim, que ocorreu em 1877, muitas casas foram queimadas e propriedades destruídas.

Como o vapor partiria em duas horas, iniciamos os preparativos para desembarcar. A brisa que soprava, desde a nossa chegada, já ia se tornando uma fria ventania e o mar ficou tão agitado que era impossível descer um bote. As barcaças que tinham ido até a costa buscar suprimentos não se atreveram a retornar. A ventania durou o dia todo e grande parte da noite, só começando a abrandar por volta de três da manhã. Todos os esforços foram feitos para nos conduzir à praia, com a alternativa de seguirmos com o vapor para Valparaíso, já que o regulamento da companhia não permitia que se passasse mais do que um determinado tempo em Sandy Point. Como se pode imaginar, não gostamos nem um pouco da ideia de que isso se consumasse, portanto, as condições meteorológicas foram cuidadosamente acompanhadas enquanto nossas bagagens e pertences pessoais eram apressadamente carregados, uma vez que qualquer elevação na força do vento poderia ser fatal.

Por fim, tudo estava pronto. Nós nos despedimos do capitão e da tripulação, cuja gentileza nos deixou verdadeiramente agradecidos pelo prazer da viagem a bordo do "Britannia". Descemos a prancha e pegamos nossos assentos no bote que nos levaria à praia. Fiquei relativamente triste conforme remávamos, deixando para trás o navio que nos acostumamos a ver como lar e pelo qual eu passei a sentir uma afeição pessoal.

Foi uma longa puxada, durante a qual o vento e a maré contrários zeraram os esforços dos quatro fortes marinheiros que remavam nosso bote. Chegamos ao velho píer caindo aos pedaços que conduz à terra firme em Sandy Point. Tivemos êxito em alcançar o fim do píer sem nenhum contratempo, embora tenhamos corrido um risco considerável com os enormes, perigosos e eriçados buracos, e tábuas que se moviam traiçoeiramente. O píer, porém, tinha o mérito – questionável, é verdade – de manter a aparência e as condições coloniais, às quais servia como um aviso introdutório. Suponho que existam lugares mais melancólicos que a cidade de Sandy Point, mas acho pouco provável.

À medida que andávamos pela areia da praia em frente ao assentamento, examinávamos as lúgubres cabanas de madeira enfileiradas, as ruas solitárias, onde, naquele momento, não se via nem uma alma, a não ser famintos caçadores de avestruz. Todos concordamos que o epíteto "buraco esquecido por Deus" era a única descrição que fazia jus àquele lugar desolado – e a subsequente maior familiaridade, que tivemos com o local, não alterou em nada essa impressão negativa.

Prosseguimos com a condução do Sr. Dunsmuir, o Cônsul Inglês[7], e paramos em uma casa a cento e oitenta metros do píer, onde, como nos fora informado, era o principal mercado e hospedaria local. Não era um estabelecimento, digamos, ambicioso. O interior consistia em um andar térreo com dois cômodos, um dos quais servia como loja e o outro como sala de estar. Garantimos esse último como depósito para nossas bagagens e equipamentos, onde também fazíamos as refeições durante nossa estada em Sandy Point. A parte superior dessa "magnífica" residência era uma espécie de *loft*, com um pequeno compartimento que meu irmão e o Sr. B. utilizaram como dormitório. Por gentileza do Sr. Dunsmuir, meu marido e eu fomos confortavelmente acomodados na casa dele.

Nossa primeira experiência com a "vida dura" foi o café da manhã, servido por Pedro, auxiliar da hospedaria, superada quando perambulamos pelas ruas com mato crescido até a casa do Sr. Dunsmuir, de onde – como está localizada em um ponto mais alto – pudemos apreciar uma bela vista dos estreitos e da costa oposta à Terra do Fogo.

O "Britannia" já tinha içado âncora, e por um longo tempo observamos a embarcação partir através dos estreitos até ir ficando cada vez menor, para finalmente desaparecer na bruma do horizonte longínquo. Agora que o meu último elo de ligação com a Inglaterra tinha partido, pela primeira vez comecei a realmente me dar conta de que estávamos a mais de dez mil milhas[8] distantes de casa e dos amigos, sozinhos no meio de rostos desconhecidos e paisagens selvagens. Era preciso fazer um esforço para perder a impressão de que aquilo tudo se tratava de um sonho, do qual eu achava que acabaria despertando e me vendo de volta à Inglaterra.

Nossa ansiedade para deixar Sandy Point o mais rapidamente possível acelerou os nossos preparativos, mas mesmo com toda a vontade de partir, ainda havia tanto por fazer que calculamos um prazo de pelo menos quatro dias até estarmos prontos. Tínhamos que encontrar guias, comprar cachorros e, sobretudo, achar cavalos adequados para alugar ou comprar. Vários cavalos foram trazidos para inspecionarmos, dos quais selecionamos cerca de cinquenta – sobre as qualidades e as falhas deles falarei em outra ocasião. Nós achamos o preço de tudo ridiculamente alto e, embora estivéssemos sendo trapaceados por todos os lados, não havia nada a ser feito a não ser aceitar as condições exigidas, visto que não havia muitos guias nem onde encontrar o que necessitávamos.

Gastamos um dia inteiro desfazendo as bagagens de provisões e equipamentos que trouxéramos da Inglaterra e colocando-os em bolsas de lona para que pudéssemos carregar tudo convenientemente nos cavalos. Como ajuda àqueles que almejarem fazer uma expedição como a nossa, segue aqui uma lista de artigos e mantimentos que levamos. Nós nos limitamos, devo dizer *en passant*, a itens absolutamente indispensáveis, sendo evidentes as desvantagens de uma sobrecarga de pertences: duas barracas pequenas, duas machadinhas, um balde, uma vasilha de ferro para cozinhar, uma frigideira, uma caçarola, biscoitos, café, chá, açúcar, farinha, mingau de aveia, leite em conserva, algumas latas de manteiga e dois barris de uísque.

Adicionamos também uma saca de erva mate, da qual nos tornamos tão apreciadores que passamos a utilizá-la como complemento aos nossos chás e cafés, embora de início não tenhamos concordado, em absoluto, com as propriedades descritas pelo Sr. B. sobre a erva, quando nos recomendou que a experimentássemos.

Nossas vestimentas pessoais consistiam, além de algumas modificações na roupa de baixo de lã, em uma capa de pele de guanaco, um ou dois cobertores, uma faca com bainha, um revólver, pistolas e rifles que trouxemos para uso esportivo. Os cartuchos para os muitos rifles compunham o item mais pesado, não obstante o cuidado com que calculamos para não trazer mais coisas do que gostaríamos.

Uma pilha considerável se formou quando amontoamos toda a bagagem, o que foi alarmante, e nos demos conta de que seriam necessários doze cavalos, pelo menos, para carregar tudo aquilo. Felizmente conseguimos três mulas que aguentavam carregar mais carga do que seis cavalos, sem sofrer metade do que estes com fadiga ou com o severo calor que, ocasionalmente, encontramos.

Selecionamos nossos guias entre um bom número dos que nos foram oferecidos. Escolhemos quatro: dois franceses, um gaúcho argentino e uma desinteressante criatura, habitante de Sandy Point, de nome I'Aria, que havia acompanhado o Capitão Musters em sua expedição. I'Aria tinha uma aparência esturricada de mais de sessenta anos, porém provou ser um útil serviçal, apesar da idade. Era um belo cavaleiro e, considerando os anos de vida, extraordinariamente ativo e resistente. Durante o tempo em que permanecemos em Sandy Point, entretanto, ele não teve muita utilidade para nós, já que quase nunca estava sóbrio. Mas, estranho dizer, uma vez que deixamos o povoado, ele se tornou totalmente abstêmio, e firmemente recusava, durante toda a viagem, qualquer bebida alcoólica que lhe fosse oferecida. A pele de seu rosto, por conta da longa exposição ao vento e ao clima, tinha adquirido a consistência de um pergaminho, com uma massa de rugas, quase negra de queimaduras do sol, enquanto seu semblante, vigilante e astuto, e os olhos como de contas cintilantes davam à sua aparência uma característica mefistofélica[9] que lhe rendeu o apelido de "O agente do diabo na Patagônia". Ele havia passado mais de quarenta anos nos pampas e era, portanto, bem qualificado para nos guiar.

Dos outros, Gregório foi quem nos deu maior satisfação, servindo-nos durante toda a viagem com incansável zelo e lealdade. Era um homem bonito em seus quarenta anos e somava aos outros talentos de seu ofício gaúcho algum conhecimento de inglês. Sua ocupação normalmente era de comerciante indígena, e, em determinado momento de sua carreira, ele teve uma pequena escuna que era utilizada na estação de caça a focas.

Um dos franceses, François, cuja profissão original era a de cozinheiro, provou-nos ser mais útil nessa função, de forma estupenda, fazendo as mudanças necessárias ao que teria sido uma dieta monótona, baseada, apenas, em carnes de guanaco e avestruz. Sua carreira, assim como a de Gregório, tinha sido bastante conturbada. Depois de servir na Guerra Franco-Prussiana como caçador na África, deixou seu país com três companheiros para começar um negócio na América do Sul que, depois de falir, levou-o a tornar-se caçador de avestruzes. Ele era um sujeito pequeno, animado, bonito e possuía uma voz excelente, que costumava soltar cantando alegremente durante as cavalgadas ou ao redor da fogueira no acampamento. François tinha dois ótimos cães caçadores de avestruzes; uma bela *deer-hound*[10] chamada Leona, e outra, de porte atlético, magra e forte, de cor preta, chamada "Loca", um cruzamento entre galgo africano e *lurcher*[11] inglês.

Gregório tinha apenas um cachorro, mas era o melhor da matilha, sempre dando um jeito de perseguir um avestruz individualmente, proeza que requer imenso vigor e gameness[12], o que nenhum dos outros cães eram capazes de fazer.

Sobre Guillaume não há necessidade de dizer algo, exceto que todos nós não gostávamos nem um pouco dele.

Após quatro dias de trabalho árduo, os preparativos estavam quase terminados, com pouco ainda a ser feito. Estávamos inquietos para sair de Sandy Point, então resolvemos partir com a maior parte das malas e os cavalos, e esperar pelo restante do grupo no bosque de faias em Cabo Negro, a vinte e quatro quilômetros da colônia.

CAPÍTULO IV

A partida para Cabo Negro – Cavalgando ao longo do estreito – Cabo Negro – A primeira noite sob a lona – Chegadas inesperadas – Nossos convidados – Piquenique de folhetim – Difícil cavalgada – Havia um som de festa..

Pela manhã, cedo, os cavalos chegaram e foram selados. Tivemos alguns problemas com as mulas de carga, que eram um tanto indóceis e reagiram rudemente aos primeiros carregamentos acomodados sobre elas.

Como nossos guias estavam ocupados procurando o

número de cavalos necessários e terminando os preparativos para a viagem, levamos um outro homem para nos acompanhar durante o tempo em que permaneceríamos em Cabo Negro, e também um garoto, filho do Gregório, para ajudar a conduzir os cavalos.

Tomamos um apressado café da manhã e subimos nas selas. Os cavalos, que carregavam as bagagens, foram conduzidos juntos, com muita dificuldade, porque eram estranhos uns aos outros e, de tempos em tempos, algum saía em disparada, o que era um sinal para o restante da tropa dispersar por todos os lados.

Assim, quase uma hora tinha se passado até que tivéssemos esvaziado todo o acampamento e nos encontrássemos cavalgando pela sinuosa relva em direção aos pampas.

Durante cerca de uma hora, percorremos a planície, até cruzarmos um riacho e entrarmos nas imediações da floresta de faias, que contorna o estreito. A folhagem das árvores era fresca e verde, o céu de um límpido azul, o ar flutuava iluminado pelo sol. Estávamos muito animados e tudo parecia um bom augúrio para o sucesso de nossa viagem.

O trajeto nos trouxe de volta ao estreito de Magalhães, ao longo de cuja estreita faixa de areia – em alguns pontos com meros dois metros e meio de largura – cavalgamos em fila única. Na praia, a faixa de terra acaba abruptamente, com as árvores e os arbustos formando um impenetrável matagal que chega quase até a beira d'água. Um pontal seguido de

O Estreito de Magalhães

outro, monotonamente semelhantes entre si, atiram-se em direção ao oceano. Contudo, conforme avançávamos, a vegetação, que os cobria tornava-se cada vez mais atrofiada e escassa, até que finalmente todas as árvores e arbustos haviam desaparecido.

Depois de três horas cavalgando, estávamos à sombra de escarpadas falésias, nas quais a única vegetação era a vasta grama rústica. Incontáveis espécies de gaivotas e albatrozes divertiam-se na água e pareciam pouco alarmados com a nossa presença, sobrevoando preguiçosamente o mar quase que somente no afã de pescar.

Por toda a praia, notei enormes quantidades de cascas de lagostim cozidos, resquícios de refeições dos índios fueguinos, trazidas pela corrente marinha contrária. A Terra do

Fogo era nitidamente visível na direção oposta e podíamos observar, em diversos pontos, colunas de fumaça que indicavam a presença de acampamentos nativos, da mesma forma que Fernão de Magalhães havia visto quatrocentos anos antes, dando à ilha o nome que ainda carrega.

Em Cabo Negro, fizemos uma parada em uma pequena propriedade rural, onde tomamos um mate gentilmente oferecido pela esposa do fazendeiro, e então montamos novamente, galopando por uma relva plana, onde gado e ovelhas pastavam, até chegarmos a uma colina repleta de árvores. Ali no topo, sob uma faia, resolvemos montar acampamento, já que a localização era favorável e havia água nas proximidades.

Sem demora, retiramos as cargas dos cavalos, que relincharam prazerosamente e saíram galopando e se roçando na planície, onde havíamos acabado de passar. Nossas tendas foram armadas e as camas feitas, de modo que tudo ficasse pronto antes que a noite caísse, para só então começarmos a preparar o jantar. Como havia bastante lenha, o fogo crepitante começava a arder vivamente, e colocamos na caçarola de ferro a carne que trouxéramos de Sandy Point com um pouco de arroz, cebolas etc. Em seguida, nos sentamos, ao redor da fogueira, nem um pouco cansados pelo esforço do dia, apenas gratos por sentir o aroma que subia da panela, com expectante apetite e avidez, que o penetrante ar da Patagônia havia despertado em nós de uma forma incomum.

Terminado o jantar, a noite havia caído. A lua nascera e o céu claro e estrelado nos assegurava a promessa de continuidade do bom tempo. Uma leve brisa balançava os galhos sobre nossas cabeças e podíamos ouvir, à distância, o mugido do gado na planície e o fraco tilintar dos sinos das éguas reprodutoras. Aquela cena estranhamente nova parecia ter mexido com todos nós. Os homens fumavam seus cachimbos em silêncio.

Antes de me deitar, saí para um passeio às margens de uma lagoa aos pés da colina onde estávamos acampados. Suas águas cintilavam sob a luz do luar, embora as árvores em seu entorno fossem sombrias e escuras. Ocasionalmente, o grito lamentoso de um mergulhão quebrava o silêncio, assustando-me quando o ouvi pela primeira vez, porque soava exatamente como o lamento de um ser humano com dor. De volta ao acampamento, encontrei meus companheiros se preparando para deitar e segui o exemplo. Enrolados em robes de pele de guanaco e utilizando as selas como travesseiros, caímos no sono.

Havíamos combinado que, na manhã seguinte, um de nós iria voltar a Sandy Point para acompanhar o progresso dos nossos guias. O Sr. B. ofereceu-se para a tarefa, e eu, então, levantei-me uma hora mais cedo para preparar seu desjejum e sua partida. Meu irmão e meu marido pegaram suas armas e saíram para caçar patos selvagens, enquanto eu me ocupei escrevendo algumas cartas para amigos na Inglaterra. Assim que terminei, cavalguei até o estreito e mergulhei na água, que de tão gelada deixou meu corpo todo adormecido. Com muita dificuldade, consegui me secar e me vestir.

No fim da tarde os esportistas retornaram, trazendo com eles excelente resultado. Prontamente começamos a depenar as aves e a preparar o jantar. Finda a refeição, nos sentamos confortavelmente ao redor da fogueira, preguiçosamente montada, para apreciarmos a noite adorável. Nosso criado, que estivera de sentinela aguardando o retorno do Sr. B., nos informou que uma tropa de dez cavaleiros vinha em nossa direção. Como os comerciantes indígenas não costumavam sair pelos pampas em um grupo tão grande, ficamos perdidos imaginando quem seriam aquelas pessoas cavalgando tarde da noite, principalmente, porque não havia nenhum cavalo de carga entre eles. Levantamos e fomos espiar as misteriosas figuras.

Conforme eles se aproximavam dos pés da colina, pudemos ver que estavam armados com rifles e revólveres, o que nos sugeriu a desagradável memória de Sandy Point – um motim. Será que uma outra rebelião teria eclodido e esses homens estariam fugindo para os pampas? Se sim, eles poderiam dar uma baixa em nossos pertences e suprir suas necessidades de vestimentas com as nossas. Aquela era uma situação deveras alarmante, e enquanto tentávamos definir rapidamente o melhor a fazer diante das circunstâncias, os cachorros se levantaram e começaram a latir furiosamente. Então, ouvimos o som dos cascos dos cavalos varrendo o tojo[1] crescido e dois cavaleiros vieram galopando em direção ao nosso acampamento, seguidos, como pudemos perceber pelas vozes, do restante do grupo.

Em uma fração de segundo, os dois à frente seguraram as rédeas diante de nós, revelando não serem sanguinários amotinados, mas o Sr. Dunsmuir e o Sr. Beerbohm. Poucas palavras foram necessárias para explicar tudo. O grupo, que fora convidado pelo Sr. B. para visitar nosso acampamento, e compartilhar um dia de caçadas, era formado por alguns oficiais do "Príncipe Adalberto", navio alemão que, naquela manhã, havia ancorado em Sandy Point. Aliviados com o desenrolar da situação, prontamente demos as boas-vindas aos nossos novos convidados, que estavam cansados e famintos após a longa viagem. Entre eles, estavam o príncipe Henrique da Prússia[2], em cruzeiro no navio, e seu comandante, o Capitão Maclean.

Colocamos mais lenha fresca na fogueira flamejante e separamos carne para assar, sopa para cozinhar e toda a preparação necessária para uma boa ceia – o que foi uma tarefa fácil, já que os oficiais tinham trazido quantidade suficiente de mantimentos com eles. Logo nos sentamos ao redor do fogo, os recém-chegados notadamente encantados com a charmosa área silvestre onde estávamos e com a novidade daquele inusitado piquenique que, entre todos os lugares do mundo, eles não imaginavam realizar na Patagônia.

Eu estava entretida com o relato do Sr. B. sobre como a expedição tinha iniciado. Ele chegou em Sandy Point às nove horas e, às dez, o "Príncipe Adalberto" foi avistado.

Assim que o navio baixou âncora, o Sr. B. subiu a bordo, já tendo previamente se apresentado ao capitão. Durante o café da manhã, explicou sua presença em um local tão fora do mundo quanto Sandy Point, por conta da nossa viagem. Depois, convidou o capitão e os oficiais a conhecerem nosso acampamento e experimentarem o ar da Patagônia. Sr. B. teve uma certa dificuldade em convencê-los a aceitar o convite e, enquanto os oficiais se preparavam, foi até a costa arrumar dez cavalos, que era o necessário. Questão simples de resolver. Já as dez selas... porque embora a maioria das pessoas em Sandy Point tenha alguns cavalos, poucos têm mais de uma sela e, nesse caso, ficam relutantes em emprestar a sua, uma vez que podem precisar dela a qualquer momento.

Como resultado de uma engenhosa combinação, um arremedo de sela foi ajustado em cada cavalo e, assim, o grupo partiu animado e alegre. Cada oficial carregava consigo um cobertor ou manta e, porque havia a expectativa de caçar, também portavam armas e munição. Nas primeiras duas horas tudo foi bem, o dia estava quente e ensolarado, a paisagem diferente e interessante. A característica incomum do passeio e o acaso com que tinha sido improvisado entusiasmaram o grupo. Contudo, depois de um tempo, o trabalho árduo dos cavalos e a aspereza de algumas das selas começaram a fazer efeito, especialmente porque muitos dos oficiais não estavam acostumados a cavalgar. Eventualmente, perguntavam ao Sr. B., inicialmente, em tom leve e despreocupado – "qual a distância até o acampamento?" – ao que ele respondia com um aceno de mão na direção de um dos muitos pontos, que surgiam ao longo do estreito, dizendo: "um pouco além daquele ponto". E, então, conforme as localizações iam passando, e a resposta continuava a mesma: "um pouco depois daquele ponto", as risadas e conversas que tinham animado o início do passeio se tornaram mais constritas, com esporádicos lapsos de completo silêncio.

Vez ou outra, um dos cavaleiros se movia, desconfortável na sela, e suspirava – nos rostos de vários (especialmente os que cavalgavam em selas sem estribo) baixava uma expressão fixa de resignação ao sofrimento, que não era anti-heroica. O Sr. B. observava tudo e sua consciência começava a golpeá-lo. Inicialmente, em um ambiente amigável, para pôr tudo sob uma perspectiva cor-de-rosa, ele tinha atenuado ligeiramente a distância até nosso acampamento, e agora as terríveis consequências de sua impulsividade já o atingiam.

Era evidente que os quase-mártires guiados pelo Sr. B. estavam apenas suportando o sofrimento através do confortante pensamento de que *deveriam* estar, de fato, próximos ao acampamento. Ele não podia desenganá-los; sentia-se lamentavelmente tentando criar coragem para dizer a verdade, porém a única alternativa era seguir repetindo a odiosa (para todos e agora para ele também) frase: "um pouco depois daquele ponto". Suas vítimas só podiam pensar uma coisa: que ele tinha se perdido, embora conhecesse muito bem a estrada e a duração do trajeto. Nunca, conforme disse o próprio Sr.

B., tinha sido tão óbvio o fato de que o inferno está cheio de boas intenções. E sua intenção, quando confundiu o grupo sobre a duração do passeio, tinha sido a melhor.

Entretanto, tudo tem um final e, enfim, com profunda sensação de alívio, Sr. B. apontou a colina para o bando exausto da sela, cuja chegada, com possíveis amotinados, havia nos deixado em pânico.

Quando Sr. B. terminou de contar a história, o jantar estava pronto e, com esse anúncio, nossos famintos convidados serviram-se de uma farta refeição.

O grupo era muito numeroso para a nossa quantidade de panelas, o que felizmente foi contornado com a abundância de enlatados de todos os tipos que trouxeram com eles. Sob as faias da Patagônia, juntamente com a carne de carneiro nativa, os enlatados podiam ser considerados caldo de aspargos, tendo alcançado seu sabor delicado com o suave incentivo de um verão holandês, e patês elaborados muito longinquamente, entre as montanhas azuis da Alsácia, e substanciais, não obstante sutilmente aromatizadas, salsichas da nossa terra natal.

Após o jantar, os cachimbos foram acesos e as taças de vinho rodaram livremente, o bosque ecoando risadas e canções até perto de meia-noite, horário em que a maioria do grupo começou a sentir os efeitos dos esforços do dia e a ansiar pela cama. Em uma de nossas barracas conseguimos montar quatro leitos, nos quais o príncipe, o capitão, o conde Seckendorff e outro oficial repousaram seus membros exaustos e dormiram, que era o melhor a fazer.

O capitão, um homem forte e robusto, era quem mais tinha sofrido na cavalgada e deve ter-se interrogado, se o divertimento daquele dia não teria saído caro demais.

Os outros continuaram a festa até mais tarde, e devia ser quase duas horas da manhã quando o último "convidado" se enrolou em seu cobertor perto da fogueira e o silêncio recaiu sobre o acampamento. Naquele momento, eu espiei fora da minha barraca para ver a cena. Ao redor de um amontoado de lenha, que ardia em fogo lento, as poses indicavam sono profundo, as formas repousadas dos adormecidos que o acaso tinha estranhamente colocado juntos por uma noite. Nossos cães tinham despertado de seu sono, e era deles a vez de celebrar qualquer osso ou resquício do banquete que conseguissem desenterrar.

Alguns raios de luar lutavam para atravessar as copas das folhas e galhos suspensos, produzindo luzes e sombras singulares sobre o acampamento. O inusitado efeito da cena era ampliado pelo misterioso lamento dos mergulhões, que flutuavam em intervalos pelo ar, vindos do lago um pouco abaixo, como vozes de um espírito inquieto.

CAPÍTULO V

Partida dos nossos convidados – A saída para os pampas – Os pampas – Um fatídico acidente – Um dia de esporte – Efeitos desagradáveis do vento – Partida de Cabo Gregório

Na manhã seguinte, o sol mal havia nascido quando nosso acampamento já estava novamente em pé. Aprontei-me rapidamente e, ao sair, notei que nossos convidados não só tinham se levantado, como estavam ocupados arrumando suas armas e equipamentos de tiro para caça. Compartilharam um café e, em seguida, o grupo todo saiu para a planície que ficava abaixo de onde estávamos. Durante cerca de uma hora, até retornarem, os sons dos tiros indicavam que a caçada estava boa. Voltaram para o desjejum, naturalmente satisfeitos com seu trabalho matinal, embora eu estivesse inclinada a atribuir essa satisfação ao evidente desejo de olhar com otimismo tudo que remetesse ao piquenique, uma vez que as sacolas deles eram bem pequenas, e continham apenas alguns pares de narcejas[1] e patos selvagens.

Desse modo, arregaçamos as mangas e pusemos-nos a preparar um belo café da manhã, para o qual tivemos a ajuda do Príncipe Henry, que nos deu uma ótima mão, servindo ovos *poché* com muito estilo. Fizemos uma aprazível refeição e os oficiais lamentaram não poder prolongar a estada em nosso bosque de faias, uma vez que o vapor era obrigado a seguir viagem naquela noite. Enquanto eles fumavam os últimos cachimbos, os cavalos eram selados e, por volta de oito horas, Sr. B. e eu os acompanhamos como guias até que eles montassem e saíssem pela estrada de volta para casa.

A rigidez física decorrente dos esforços do dia anterior deve ter feito com que experimentassem uma sensação incômoda ao subirem em suas selas novamente e, inicialmente, o desânimo parecia tomar conta do grupo; contudo, conforme galopávamos juntos e eles se aqueciam para a jornada, o desconforto foi desaparecendo e ficamos todos animados. O dia estava lindo, a paisagem era um privilégio, com um único inconveniente no deleite de nosso passeio: o sol, demasiadamente quente.

Após termos percorrido vários quilômetros, descemos dos cavalos e descansamos sob as sombras de algumas árvores,

Reunindo e aprontando a tropa

ao lado de um riacho que vinha borbulhando das profundezas geladas da floresta, esvaziando-se nos estreitos adjacentes.

Ali ocorreu um incidente que poderia ter tido consequências indesejadas. O cavalo de um dos oficiais empinou ao sair e, antes que alguém pudesse detê-lo, já tinha desaparecido na direção de Sandy Point. Sr. B. montou em seu cavalo e saiu à procura do fujão, enquanto aguardávamos na expectativa, porque caso não obtivesse sucesso, um desafortunado teria que seguir seu caminho a pé. Felizmente, essa desagradável contingência foi evitada. O Sr. B. logo reapareceu, depois de ter conseguido capturar o cavalo fugitivo. Não, claro, sem uma boa dose de confusão.

No final da tarde, estávamos em Sandy Point. Todos deviam estar bastante satisfeitos por terem chegado lá, já que a maioria estava muito bem-vestida e, considerando a duração do trajeto, a bruteza dos cavalos e a dureza das selas, essa satisfação não era à toa.

Depois de termos nos despedido dos oficiais, com muitos agradecimentos por parte deles pela inesperada diversão que nossa companhia, naquela longínqua parte do mundo, havia-lhes proporcionado, Sr. B. e eu iniciamos nosso retorno ao acampamento, onde conseguimos chegar exatamente quando escurecia.

Tudo agora estava preparado para a nossa viagem e resolvemos partir na manhã seguinte. Portanto, nos levantamos cedo para ajudar os guias o máximo possível com a arrumação da bagagem, uma tarefa realmente colossal. Levamos três horas para acondicionar nossos diversos pertences pessoais nos treze cavalos de carga. Finalmente, tudo estava pronto. Subimos nas selas e, com um último contemplar ao bosque das faias, que tinha se tornado familiar e uma espécie de lar, partimos para o início, de fato, da viagem à terra desconhecida diante de nós.

Prontamente, estávamos todos com as mãos ocupadas, ajudando os guias a manter os cavalos todos juntos, o que era uma tarefa bem difícil. As mulas, particularmente, deram muito trabalho, continuamente conduzindo os cavalos à confusão. Uma vez, como se tivessem combinado, a tropa inteira dispersou por toda a floresta, correndo pela espessa vegetação rasteira, muitas derrubando a carga e esmagando o que havia dentro dela, enquanto outras giraram os rabos e calmamente trotaram de volta ao pasto de onde haviam acabado de sair, em Cabo Negro.

Tudo aquilo era bastante irritante, mas com um pouco de paciência e um bocado de xingamentos por parte dos guias, os insubmissos cavalos de carga foram selados mais uma vez e, a tropa, reunida. Graças a uma cautelosa condução, conseguimos sair da área da mata para emergir nos sinuosos pampas, onde havia uma trilha indígena de terra batida, pela qual os cavalos viajaram com grande facilidade até começarem a entender o que estava sendo exigido deles e, então, se sacudirem à nossa frente com firmeza e seriedade, o que só era, ocasionalmente, interrompido por leves agitações como uma briga entre dois garanhões ou por uma tentativa abortada de algum animal faminto em se atirar para cima de algum outeiro de grama verde particularmente convidativo a uma distância fora da linha de nossa marcha.

O campo que agora atravessávamos tinha características completamente diferentes daquele que havíamos deixado para trás. Nenhuma árvore ou arbusto podiam ser avistados, enquanto à nossa esquerda repousava a cadeia montanhosa das Cordilheiras. À frente e à direita uma imensa planície se esticava até o horizonte, ocasionalmente erguendo-se e caindo em delicadas ondulações, caso contrário, monotonamente nivelada. O chão, muito lamacento, estava fartamente coberto por uma áspera grama verde, onde se avistavam muitos rebanhos de gansos selvagens pastando.

Passamos por diversos lagos de água fresca cobertos por aves selvagens, que voavam para o alto agitadamente conforme nos aproximávamos. Um ou dois falcões pairavam sobre nossas cabeças, e os cães dispararam em perseguição a uma pequena raposa cinza que havia inadvertidamente, aparecido; mas, exceto isso, não havia sinal de vida animal naquele silêncio, a planície aparentemente interminável à nossa frente.

Depois de cavalgarmos por muitas horas, desviamos em direção à esquerda, encarando novamente as Cordilheiras. A planície terminou abruptamente e um território irregular surgiu, o qual percorremos até o cair da noite, quando avistamos o "*Despuntadero*", a extremidade do porto Peckett, um braço de mar que corre para o interior. Passamos a noite acampados ali, e, como estávamos todos exaustos e famintos, após a longa cavalgada, havíamos forçado os cavalos a percorrerem a distância até o local do acampamento o mais rapidamente possível. Contudo, nesse caso – e na maioria deles – "acelerar lentamente" teria sido uma decisão mais sábia. O trote rápido com que avançávamos desequilibrou uma das cargas, presas por cordas que já haviam afrouxado, fazendo com que o carregamento todo caísse: panela de ferro, pratos de estanho, tudo, produzindo um terrível ruído, enquanto a égua que transportava a carga, apavorada, disparou em um galope, esporeando com as patas traseiras o seu incômodo, seguida pela tropa inteira de seus companheiros, igualmente assustados.

As bagagens danificadas se esparramavam pelos pampas, assim como arroz, biscoitos e outros suprimentos preciosos espalhados por todos os lados. Quando havíamos recolhido o que podíamos e recolocado o carregamento na égua, que nesse ínterim havia sido capturada, fomos ainda surpreendidos pela visão de outro animal sem a carga, galopando sobre o topo de uma colina distante, seguido a uma pequena distância por Gregório, que tentava laçá-lo, enquanto I'aria foi avistado no sentido oposto, empenhado em reunir uma outra parte dispersa de nossa tropa. Saímos galopando para ajudá-lo, conduzindo de volta ao caminho uma das éguas, que havíamos acidentalmente encontrado, pastando com seu potro em um vale isolado, "*the guides forgetting, by the guides forgot*"[2].

No momento em que chegamos até I'aria, a obstinação e velocidade dos animais insubmissos tinham sido demais para ele, pois o encontramos sentado sob um arbusto filosoficamente fumando um cachimbo. Quando perguntado sobre o que havia sido feito dos cavalos, ele, apenas, acenou vagamente com a mão para uma distante linha nas colinas.

Com isso, estávamos justamente saindo para o que imaginávamos ser uma árdua busca quando um tilintar de boas-vindas soou de repente e, então, das entranhas de um desfiladeiro, a tropa reapareceu, conduzida por Francisco, que havia providencialmente cruzado com os animais em tempo de interceptar uma nova fuga.

Escurecia quando descemos cavalgando e armamos acampamento à margem da enseada mencionada há pouco, abrigados do vento por uma alta falésia, próximos a uma pequena piscina de água fresca. Depois que as tendas haviam sido armadas, alguns homens saíram em busca de lenha, o que era escasso naquela região, e o que puderam coletar ainda estava meio verde. Entretanto, conseguimos fazer uma fogueira, cozinhamos, jantamos e, em seguida, retiramo-nos para descansar.

A manhã seguinte estava agradável e decidimos permanecer no acampamento para praticar um pouco de tiro, uma atividade muito comum na região, conforme Gregório nos informara. Fizemos um leve desjejum, pegamos nossas armas e seguimos rumo aos lagos de água fresca localizados além das colinas, atrás do nosso acampamento. Nossa recompensa, depois da intensa subida, foi uma ótima sessão de caça, com fartura de gansos selvagens, patos etc.

No retorno, cruzamos um terreno alagadiço onde havia algumas narcejas, e ensacamos vários pares delas. À tarde, como estava muito quente e abafado, nos refrescamos com um banho de mar até a hora do jantar, e, às sete e meia, já estávamos na cama dormindo.

Um dia depois, continuamos nossa viagem para o norte. Um longo dia de cavalgada nos conduziu às nascentes chamadas *"Pozos de La Reina"* [3], onde acampamos. Depois de um descanso ao redor da fogueira, distraíamo-nos olhando uns para os outros quando nos demos conta da desagradável metamorfose, que havia ocorrido em nossos rostos, quase irreconhecíveis de tão inchados, tinham assumido uma tonalidade roxa, acompanhada de uma coceira cortante. A tempestuosa ventania, que havíamos atravessado durante o dia, e que era a constante desvantagem ao agradável clima da Patagônia, foi sem dúvida a causa desse aborrecimento, possivelmente combinada ao nosso banho de água salgada no dia anterior.

Depois de alguns dias, nossa pele descascou completamente, porém o inchaço permaneceu por algum tempo. Eu aconselho qualquer pessoa que resolva fazer essa mesma viagem a utilizar máscaras. Tomando essa precaução, evitará um bocado do desconforto que sofremos por conta dos ventos.

Mais um dia e deixamos *"Pozos de La Reina"*, seguindo o mais rápido possível, pois não tínhamos mais nenhuma carne para comer e ainda não havíamos atingido o território dos guanacos e avestruzes. Os índios haviam cruzado a região antes de nós e, como de costume, tinham varrido tudo o que haviam encontrado por lá.

A região, em que os guanacos realmente tornam-se abundantes, fica a cerca de treze quilômetros distante de Sandy Point. Estávamos atentos, e qualquer avestruz ou guanaco que tivesse a infelicidade de aparecer teria tido uma remota chance de escapar, com oito ou nove cães famintos e o mesmo número de cavaleiros ávidos no seu encalço. Porém, o dia arrastou-se e chegamos ao nosso destino de mãos vazias.

O ponto onde acampamos localiza-se diretamente à frente de Cabo Gregório, que podia ser visto vagamente à distância. Havia abastança de madeira no local e o fato de o campo indígena não ficar tão longe era muito conveniente, já que pretendíamos fazer uma visita a esse interessante grupo de pessoas antes de seguirmos viagem.

CAPÍTULO VI

Visita ao acampamento indígena – Um patagônio – Curiosidade índígena – Características físicas – Roupas – Mulheres – Características proeminentes – Um índio inacreditável – Superstição

Desde que deixáramos Sandy Point nossos cães não faziam uma refeição apropriada. Estavam vivendo principalmente à base de arroz e biscoitos, um tipo de comida que, para os habituados somente à carne, é incompatível com o paladar e inútil para o corpo.

Portanto, pelo bem deles – e o nosso próprio – estávamos ansiosos pela visita ao acampamento indígena, entre outros motivos na expectativa de obter suprimento de carne suficiente para todos nós até que chegássemos à prometida terra das caças.

Após o café da manhã os cavalos foram selados, pegamos açúcar, tabaco e outros artigos para permutarmos, e, então, partimos para o acampamento indígena, acompanhados por Gregório e Guillaume. I'aria e Storer ficaram encarregados de cuidar do nosso acampamento e Francisco saiu com os cães em direção a Cabo Gregório, na esperança de esbarrar em algum avestruz ou guanaco pelo caminho.

O clima estava bom e, pelo menos dessa vez, pudemos regozijarmo-nos com a ausência dos fortes ventos, que eram o nosso aborrecimento diário. Não estávamos distantes quando avistamos um cavaleiro vindo lentamente em nossa direção e, em poucos minutos, estávamos na presença de um autêntico índio patagônio. Refreamos nossos cavalos assim que ele se aproximou de nós. Demos uma boa espiada nele, e ele fez o mesmo conosco. Por alguns momentos, o encaramos o quanto quisemos e, da parte dele, fomos minuciosamente examinados.

O que quer que tenha pensado a nosso respeito, nós o achamos um exemplar excepcionalmente nada atraente e esperamos que, para o bem de sua raça, fosse o único espécime assim, contrariando o padrão de seu povo. Seu rosto pardo sujo, cuja principal característica era um par de olhos negros cortantes, estava meio escondido por um emaranhado de cabelos embaraçados e despenteados, amarrados por

Acampamento indígena

um lenço sobre sua testa, e seu corpo robusto embrulhado em uma ensebada capa de pele de guanaco, notadamente a pior vestimenta possível. Seus pés estavam descalços, mas um dos calcanhares estava armado com uma espora de madeira – um curioso e engenhoso trabalho feito à mão. Terminada a sua inspeção sobre nós, acompanhada por uma troca de grunhidos guturais com Gregório, que deu a entender que ele estava procurando por alguns cavalos que havia perdido, o índio partiu a galope. Deu-nos satisfação termos encontrado alguma virtude nele, ao admirarmos a natural elegância com que montava seu aparentemente bem alimentado pequeno cavalo, que embora significativamente abaixo de seu peso, estava sem dúvida apto a realizar um ótimo serviço.

Continuando nosso caminho, em pouco tempo notamos diversos índios montados, imóveis sobre seus cavalos, como sentinelas, no cume de uma alta cordilheira diante de nós, visivelmente observando nossos movimentos. Conforme nos aproximamos, eles desapareceram para o outro lado da montanha, onde se localizava seu acampamento. Andando a meio galope, logo avistamos todo o povoado indígena assentado sobre um largo e plano vale, ladeado por íngremes falésias, com um riacho correndo em seu centro. Havia cerca de uma dúzia de enormes tendas feitas de pele animal, à frente das quais estava uma multidão de homens e mulheres observando a nossa chegada com preguiçosa curiosidade. Várias crianças pequenas divertiam-se no riacho que tivemos que vadear para chegar às tendas. Dois índios, mais inquisidores que seus pares, vieram ao nosso encontro, ambos montados em um único cavalo, e nos saudaram sorrindo e tagarelando.

Em nossa chegada à aldeia, fomos rodeados por uma curiosa aglomeração de pessoas. Algumas nos fitavam com impassível seriedade, enquanto as outras riam e gesticulavam ao mesmo tempo em que discutiam sobre nossa aparência em sua rude e gutural língua, com modos cheios de vivacidade, inteiramente divergentes da herdada tradição indígena de curvar a cabeça.

Nossos equipamentos e vestes pareciam despertar grande interesse, em particular minhas botas de cavalgada, que eram minuciosamente analisadas, aparentemente objeto de especulações mais sérias. Inicialmente contentes em observá-las à distância, os mais velhos designaram um garoto para uma inspeção mais próxima. Foi o que ele fez, vindo em minha direção cautelosamente e, quando estava suficientemente perto de mim, estendeu as mãos e tocou as botas gentilmente com as pontas dos dedos. A exploração foi aclamada com urros, gargalhadas e exclamações. Encorajados pelo sucesso deste primeiro contato, muitos agora se aventuravam a seguir o exemplo, espíritos empreendedores estendendo suas pesquisas à textura do meu sobretudo. Um deles chegou ao ponto de tomar minha mão na sua, enquanto submetia o pequeno bracelete que eu usava a um exaustivo escrutínio.

Enquanto estavam ocupados, eu me distraía observando sua aparência geral. Não me impressionou tanto a altura deles, mas o desenvolvimento extraordinário do tórax e dos músculos. Sobre a estatura, não acredito que a altura média dos homens excedesse um metro e oitenta e dois, e como meu marido mede um metro e oitenta e oito centímetros, oportunamente formei uma precisa estimativa. Um ou dois certamente eram bem mais altos que meu esposo, mas eram as exceções.

As mulheres tinham, na maioria, estatura comum, embora eu tenha notado uma que devia medir cerca de um metro e oitenta ou mais. As feições dos genuínos tehuelches[1] são extremamente regulares e de maneira nenhuma são feios aos olhos. O nariz é geralmente aquilino, a boca bem desenhada é embelezada por dentes branquíssimos, a expressão do olhar é inteligente e a forma da cabeça é um indicativo favorável de suas capacidades mentais. Entretanto, essas observações não se aplicam aos tehuelches em cujas veias corre uma mistura de sangue araucano[2] e fueguino. Os narizes achatados, olhos oblíquos e silhuetas mal proporcionadas desses últimos fazem deles figuras repulsivas, e eles são tão diferentes de um genuíno tehuelche quanto a "Roda da Fortuna"[3] de um cavalo de puxar carroça.

Seus cabelos são longos e grossos, geralmente usados repartidos ao meio, e não caem sobre as faces porque são presos por lenços ou algum tipo de fita amarrada na testa.

Eles, naturalmente, têm pouco pelo no rosto e o crescimento dos que surgem aparentam ser cuidadosamente erradicados em uma dolorosa operação que pode se estender até suas sobrancelhas. Sua vestimenta é simples: consiste em uma chiripá[4] – um pedaço de tecido enrolado na cintura – e a indispensável capa de pele de guanaco pendurada sobre os ombros, presa ao corpo com as mãos, embora evidentemente pareça muito mais conveniente que fosse presa à cintura por algum tipo de cinto. As botas de cavalgar são usadas somente quando saem para caçar, para economizá-las.

As mulheres se vestem como os homens, exceto pelo chiripá; ao invés deste, usam um tipo de vestido solto sob a capa, ajustada ao pescoço com um broche ou alfinete de prata. As crianças podem correr nuas até a idade de cinco ou seis anos, quando passam a ser vestidas como os mais velhos.

Em parte, por ornamentação e, em parte, como forma de proteção do vento, muitos índios pintam seus rostos, sendo vermelho a cor favorita, pelo que pude observar, embora um ou dois tenham preferido misturar o vermelho com preto, combinação que resultou em uma aparência extremamente diabólica.

Os tehuelches são uma raça que se aproxima da extinção e, mesmo hoje, se resumem à escassas oitocentas almas. Levam uma vida nômade errante, mudando seu assentamento de uma região para outra sempre que a caça nas redondezas fica acanhada ou escassa. Sorte deles que o imenso número de guanacos e avestruzes torna a sua subsistência mais fácil, já que são extremamente preguiçosos e, como a caça em torno deles é farta, frequentemente passam dois ou três dias sem comida, ao invés de ter que incorrer no mais leve esforço de um dia de caçada.

Todavia, apenas os homens são amaldiçoados com esse espírito indolente. As mulheres são incansavelmente trabalhadoras. Todas as atividades da existência tehuelche são feitas por elas, exceto a caça. Quando não estão ocupadas com os afazeres domésticos, produzem capas de guanaco, tecem ligas de cores vivas e fitas para os cabelos, fazem ornamentos de prata e assim por diante. Nenhuma das tarefas que elas desempenham é mais árdua que coletar lenha, um artigo sempre raro e difícil de se achar, a não ser percorrendo longas distâncias quando estão acampados.

Embora sofram com uma injusta divisão das tarefas, as mulheres não podem reclamar da devoção que os homens têm por elas. Os casamentos são eventos de grande solenidade entre os tehuelches e o laço é estritamente mantido. Marido e mulher demonstram grande afeição um pelo outro e ambos esbanjam amor por sua prole, mimando-os ao seu prazer.

A característica mais proeminente dos tehuelches é a descontração e o bom humor. Enquanto muitas raças aborígenes são inclinadas ao silêncio e à seriedade melancólica, eles são todos sorrisos e conversas. Outras boas qualidades da raça estão desaparecendo sob a influência da aguardente, da qual estão se tornando cada vez mais dependentes. Logo, podem se transformar em nada mais do que um grupo de mendigos sujos, ladrões e maltrapilhos.

Depois de permanecermos um tempo no lombo dos cavalos, ao centro do numeroso círculo mencionado anteriormente, desmontamos – o que causou certa animação e alegria em nossos interlocutores, cujo interesse em nós, após a meticulosa inspeção, havia começado a esmorecer. Um objeto que os entusiasmou muito foi o rifle que pertencia a meu irmão. Eles se deleitaram quando meu irmão desmontou do cavalo e atirou umas duas vezes em um ponto distante. A cada disparo, soltavam um vigoroso grito de satisfação, e não havia nada que desejassem mais do que a permissão para que cada um pudesse manusear a arma e conferir seu mecanismo.

Havia um negociante ali no acampamento que chegara quase ao mesmo tempo que nós e, entre outras mercadorias, trouxera uma carabina enferrujada para vender. Os índios o chamaram para atirar e comparar as qualidades da arma com o rifle de meu irmão. O homem tentou fazê-lo, mas por sete vezes consecutivas o cartucho não disparou. Cada vez que isso ocorria, o negociante era saudado com gritos e gargalhadas irônicas, e era evidente que ambos – o homem e sua arma – eram motivo de chacota para os tehuelches. Um deles, sujeito debochado, trouxe um pequeno pedaço de carne de avestruz e a ofereceu ao comerciante em troca de sua carabina, dizendo em péssimo espanhol: "sua arma nunca pega pedaço de carne maior que isso. Sua arma boa para matar guanaco morto." Sua perspicácia lhe rendeu calorosos aplausos, como se diz nos jornais.

Mas a euforia atingiu seu pico quando peguei o saco de açúcar que havíamos trazido e comecei a distribuí-lo nas mãos das crianças. Todos – homens e mulheres – espremiam-se ao meu entorno, atropelando-se e empurrando-se em sua ânsia por pegar um pouco daquela cobiçada iguaria. Eu, no entanto, fui obrigada a ser muito cuidadosa em minha generosidade, ou poderíamos ficar sem nada para trocar por um pouco de carne, e, por consequência, muitos tehuelches loucos por doce teriam que ser desapontados. Deste modo, tivemos considerável dificuldade em obter alguma carne. Os índios não caçavam há três dias e não havia quase nada, a não ser bolo de carne seca com gordura e frutas secas[5] no acampamento, uma gordurosa mistura, que de jeito nenhum queríamos testar em nossos estômagos. Com muita dificuldade, finalmente conseguimos perna e peito de um avestruz, e um pequeno pedaço de carne de guanaco seca ao sol que não parecia nada apetitosa. Com a transação terminada, passeamos sem pressa pelo acampamento, observando diferentes objetos de interesse, que cruzavam nosso caminho, sem que nos incomodassem, conforme nos movíamos entre enxames de cães rafeiros[6] latindo e tentando vigorosamente nos morder, sendo mantidos a uma distância respeitável à base de pedras e chicotadas.

Em uma das tendas, vimos duas meninas muito bonitas e notavelmente limpas envolvidas em uma atividade de costura; ao lado delas – provavelmente enamorado por uma delas, ou pelas duas – estava um jovem igualmente belo, que chamou minha atenção por seu cabelo alinhado e sua aparência de quem trajava sua melhor roupa. Seu cabelo escovado e penteado, cuidadosamente repartido, um lenço de seda vermelho mantendo as grossas madeixas no lugar. Sua bela capa de guanaco estava nova, brilhantemente pintada e meio aberta, exibindo uma chiripá branca, ajustada à cintura por um cinto de prata com um curioso acabamento. Um par de botas de cavalgar habilmente ajustadas calçavam seus pés, alcançando até os joelhos, onde eram presas por ligas de cores bem vivas, possivelmente presente de uma das formosas donzelas ao seu lado.

Impressionada por seu porte elegante e seu rosto bem formado, pedi ao Sr.B, que havia trazido um caderno de desenhos com ele, para fazer um esboço daquele belo filho dos pampas. Durante o processo, o jovem índio não se movia e preservava uma atitude perfeitamente indiferente; porém quando o retrato ficou pronto e foi mostrado a ele, sua testa se contraiu de raiva e uma expressão de medo aflorou em seu olhar. Em seguida, exalou ar com raivosos sons guturais e, finalmente, para a nossa irritação, rasgou a ilustração em pedaços. O jovem índio teve a impressão de que o fato de ter sido desenhado lançaria algum feitiço maligno sobre ele, e que algum infortúnio aconteceria caso não o destruísse. Aliviado do perigo, seus sentidos recobraram a calma natural, e ele então deu um largo sorriso de contentamento sobre a nossa óbvia ira, após o que ele havia feito com as mãos.

Os índios estavam para fazer sua visita anual a Sandy Point, onde obtinham suas porções de açúcar, tabaco etc., fornecidos a eles pelo governo chileno, e para permutar pele e penas de avestruz em troca de alguns luxos da civilização. Como raramente permanecem sóbrios durante as transações fora de sua colônia, eles geralmente são trapaceados pelos astutos homens brancos.

Tendo nossa curiosidade sobre os índios satisfeita e obtido deles toda a carne que podíamos, pegamos nosso caminho de volta.

CAPÍTULO VII

Incêndio na pradaria

Conforme cavalgávamos, nossa atenção se voltou a um sutil cheiro de queimada e, em instantes, grossas nuvens de fumaça começaram a vir ao nosso encontro. Nós nos apressamos, espantados e ansiosos para descobrir de onde vinha o fogo, que acreditávamos estar em algum lugar distante do acampamento. Ao atingirmos um aclive, conseguimos avistar o campo à nossa frente. Então, um grito de assombro escapou de nossos lábios quando olhamos o entorno. Segurando as rédeas dos cavalos, encaramo-nos sem expressão alguma. Diante de nós, uma visão assustadora. À nossa esquerda, à frente, e gradualmente circulando as colinas à nossa direita, um enorme incêndio se alastrava rapidamente pela pradaria. Densas massas de fumaça se anelavam no ar e escureciam o céu completamente; as chamas, que se lançavam furiosamente para o alto, projetavam um estranho brilho amarelo intenso sobre toda a paisagem. Enquanto observávamos, uma forte rajada de vento varria o fogo com inacreditável velocidade em nossa direção, e rapidamente estávamos envoltos em uma nuvem de fumaça tão espessa que era impossível enxergarmos uns aos outros. A situação se tornava crítica e não podíamos perder nem um minuto. Meio sufocados e desorientados pela agilidade com que o perigo chegara até nós, mal sabíamos que rumo tomar. Os cavalos resfolegavam assustados conforme a crepitação da grama e dos arbustos em chamas se aproximavam cada vez mais. Era inútil fugir do fogo; a alternativa era encará-lo a galope e, se possível, atravessá-lo.

Imediatamente jogamos as mantas de guanaco sobre nossas cabeças e cobrimos nossos corpos com elas. Em seguida, enterramos nossas esporas nos cavalos e desembestamos, cada um por si. Os momentos que se seguiram pareceram uma eternidade. Conforme forçava meu relutante cavalo a prosseguir, a sensação de sufocamento aumentava terrivelmente. Eu mal podia respirar e o ofegante animal aparentava cambalear sob meu corpo. A horrível crepitação foi chegando cada vez mais perto, então eu conheci o calor mais insuportável que já senti, e minha cabeça começou a girar. Meu cavalo deu duas ou três furiosas arrancadas e disparou ensandecido. Quase asfixiando, eu não podia mais suportar a capa sobre minha cabeça e, acontecesse o que fosse, arranquei-a de mim.

Nunca vou me esquecer da imediata sensação de alívio que tomou conta de mim. Olhei para o alto, o ar estava relativamente mais claro e o incêndio tinha ficado para trás. Milagrosamente consegui atravessá-lo ilesa! Procurei por meus companheiros, e para minha inexprimível alegria, vi-os emergirem, um a um, da massa de fumaça negra que agora desvanecia no horizonte.

Terminados os cumprimentos e a algazarra, reconstituímos nossos passos tentando descobrir como havíamos conseguido – felizmente – escapar. O motivo logo ficou claro. Por um golpe de sorte, havíamos cavalgado sobre um trecho estreito e pedregoso de terra, onde a grama era extremamente rala, com apenas alguns arbustos. Se por acaso tivéssemos seguido outra trilha, de grama espessa e alta, dificilmente teríamos vencido o perigo. Do modo como tudo aconteceu, nossos pobres cavalos já tinham sofrido um bocado, com seus pés e pernas severamente chamuscados.

Nossos pensamentos, então, se voltaram ao nosso acampamento, onde havíamos deixado I'aria e Storer. Não tínhamos dúvidas de que eles teriam se safado, mas não alimentávamos esperança alguma em relação às nossas barracas e pertences. A paisagem agora estava completamente transformada pelo fogo. Por todo o entorno, até onde a vista alcançava, estendiam-se planícies de fumaça preta, e os contornos das colinas tinham se tornado indistinguíveis para nós.

Com peso no coração seguimos em frente, avidamente analisando a área em busca de alguma indicação da localização do nosso acampamento. Se, como tínhamos todas as razões para acreditar, nossos pertences tivessem mesmo sido queimados, nossa viagem pela Patagônia teria chegado ao fim.

Venturosamente, as coisas não terminaram tão mal. Meu marido, que cavalgava na frente dos outros, gritou e fez sinais para que fôssemos até ele. Não preciso dizer que, prontamente, o alcançamos, e uma acolhedora imagem veio de encontro aos nossos olhos. Cerca de duzentos a trezentos metros abaixo da colina, onde estávamos, avistamos nossas pequenas barracas brancas sãs e salvas em um acanhado pedaço de terra verde, lembrando uma sorridente ilha em meio à vasta planície escura. Também avistamos Storer e I'aria se movendo por ali e galopamos exultantes até eles, que saíram correndo em nossa direção, ansiosos por saber o que havia se passado conosco. Com uma pergunta atrás da outra, indagamos Storer e I'aria sobre como haviam conseguido salvar o acampamento. Storer era incapaz de dar qualquer explicação inteligível, de tão atordoado que ficara pelo medo, enquanto I'aria não perdia a sua filosófica tranquilidade natural, e foi quem nos deu os detalhes. O incêndio, contou-nos, fora causado pelo índio que tínhamos encontrado de manhã quando procurávamos os cavalos perdidos. Esse sujeito divertia-se ateando fogo à grama seca em diversos locais e, levadas pelo vento forte, as chamas se espalhavam e assumiam enormes proporções.

Rapidamente, ao perceber o risco, que nosso acampamento corria, o tal índio galopou até lá e, com a ajuda de Storer e I'aria, começaram um contrafogo, ou seja, foram pouco a pouco ateando fogo no gramado ao redor do acampamento, deixando a área queimar consideravelmente, ao mesmo tempo em que dominavam as chamas, abafando-as com mato e batidas dos pés para que não saíssem do controle. Essa medida de precaução felizmente funcionou. Quando o incêndio de fato chegou, – embora tenham ficado sufocados pela fumaça durante alguns minutos – o fogo passou pelo acampamento sem causar danos, e o cinturão queimado se provou uma defesa bastante eficaz.

Os cavalos estavam a salvo, pois tinham ficado pastando às margens de um longínquo riacho em um vale vizinho. O acampamento estava uma grande bagunça, as barracas enegrecidas pela fumaça, as bolsas com suprimentos e nossos pertences confusamente espalhados. Nossas peles e mantas haviam sido usadas para cobrir os cartuchos porque, enquanto o fogo assolava o entorno, o acampamento era inundado por uma chuva de fagulhas e, caso essa medida não tivesse sido tomada, uma explosão poderia ter facilmente ocorrido.

Durante algum tempo, nos ocupamos colocando as coisas em ordem e, enquanto isso, François chegou da caçada sem nenhum sucesso. Como havíamos obtido muito pouca carne dos índios, para garantir o bem-estar de nossos cães – que estavam recebendo pequenas porções de comida já há alguns dias – tornou-se uma questão de urgência que chegássemos logo nas regiões em que os guanacos e os avestruzes eram abundantes. Portanto, decidimos partir na manhã seguinte.

Após o jantar, não demorou para que meus companheiros fossem dormir, porém sentindo pouca inclinação para seguir o exemplo, fui dar um passeio e perambular ali por perto, observando com interesse as estranhas transformações na paisagem conforme o dia desvanecia e a noite lentamente chegava. As montanhas escuras atrás do acampamento desenhavam-se como fantasmas sombrios no céu. Ao longe, na vastidão, dormiam os silenciosos pampas, sua superfície ondulada iluminada pelos raios de uma adorável lua. O leve brilho que tingia o horizonte e os estranhos ruídos, que sopros de vento ocasionalmente traziam aos meus ouvidos mostravam que o potente fogo ainda queimava à distância, com incessante fúria, talvez para terminar seu curso devastador até alcançar o oceano.

Permaneci longamente imersa na contemplação desse estranho e desolado cenário, rendendo-me aos misteriosos sentimentos e aos muitos vagos e fantasiosos pensamentos que chegavam. Até que, exausta pela excitação e esforços do dia, finalmente procurei minha cama e me entreguei ao sono.

CAPÍTULO VIII

Visitantes desagradáveis – "Apresse a partida dos convidados" – Partindo novamente – Um ovo de avestruz – I'aria nos desorientou – "Achamos petróleo!" – Preparações para a caçada – Vento e granizo – Finalmente, um guanaco – Uma perseguição excitante – A morte – Lar – Famintos como caçadores – "Gordura atrás do olho"

Na manhã seguinte madrugamos, uma vez que seguiríamos viagem. Enquanto estávamos envolvidos na tediosa função de empacotar a bagagem, uma índia surgiu repentinamente do anel de arbustos, que circundava nosso acampamento, e, silenciosamente, sentou-se perto da fogueira. Gregório soubera – pela própria – que os índios haviam bebido muito na noite anterior, e ela tivera uma discussão com o marido quando ambos estavam embriagados. Como resultado, ela havia deixado a tenda deles e, agora, dirigia-se a Sandy Point. A moça havia feito todo o percurso com os pés descalços, porém não parecia minimamente cansada. Imagino que ela contasse com o arrependimento do marido, e que ele viesse atrás dela para buscá-la, pois não era possível que ela tenha realmente considerado fazer todo o percurso até Sandy Point a pé.

Ofereci-lhe alguns biscoitos e uma barra de chocolate, que ela prontamente aceitou, agradecendo com um grunhido. No mesmo momento, contou a Gregório que os índios estavam desmanchando seu acampamento e alguns marchariam até Sandy Point. Com essa simples informação, apressamo-nos em nosso trabalho, temerosos de sermos surpreendidos por um punhado de índios. Com os nossos pertences ainda todos espalhados, causaria uma tentação à qual os corações tehuelches poderiam não resistir. Ademais, estávamos propensos a receber tal visita já que, desafortunadamente, nosso acampamento ficava próximo à trilha para Sandy Point.

Nossos temores logo se concretizaram e cerca de quinze minutos após a chegada da índia, outros dois índios se aproximaram, invadindo a área sem cerimônia e dando voltas com seus cavalos pelo acampamento, negligenciando qualquer cuidado com nossas louças. Depois de examinarem o entorno, desmontaram e, calmamente, sentaram-se próximos à foguei-

Guanacos

ra, respondendo aos nossos olhares raivosos com impassível indiferença. Cinco minutos depois, outros índios chegaram, e foram seguidos por mais um bando, de modo que estávamos inundados por um enxame daqueles convidados indesejados.

Obviamente nosso trabalho de empacotamento foi interrompido e todas as nossas atenções se voltaram a vigiar nossos pertences. Sem muito bom humor, mantivemos guarda sobre nossos bens, em preces fervorosas para nos livrarmos o quanto antes de nossos "amigos", que não demonstravam pressa alguma em partir. Eles tinham se instalado confortavelmente em nossa fogueira, e circulavam entre eles um cachimbo em explícita alegria. Para completar a ironia da situação, um deles, que falava espanhol, veio me pedir um pouco de café e se propôs a prepará-lo em nossa chaleira, que ainda repousava sobre o fogo. Como se pode imaginar, ele recebeu um indignado não como resposta, o que, contudo, só parecia diverti-lo, bem como a seus companheiros, e, de modo algum, contribuiu para que partissem.

Enquanto isso, o tempo passava e precisávamos tomar uma atitude para nos livrarmos deles, ou perderíamos o dia inteiro. Ocorreu-nos que poderíamos suborná-los com uma pequena dose de uísque. Intimamos Gregório a dizer-lhes que, se partissem, seriam recompensados por sua gentileza com um copo da bebida. Para nosso alívio, aceitaram a oferta, e tivemos o prazer de vê-los cavalgando vagarosamente para longe dali.

Para não ser injusta, devo dizer que, contrariamente ao que temíamos, eles não roubaram nenhuma das nossas coisas, embora a rígida vigilância que mantivemos sobre eles possa ter tido algo a ver com essa incomum demonstração de honestidade.

No momento em que partiram, redobramos nossos esforços e conseguimos selar e carregar todos os cavalos sem mais importunações. Faltava carregar as três mulas, o que deixamos a cargo de Gregório e Guillaume, que nos seguiriam enquanto seríamos guiados pelo velho I'Aria. Francisco saiu sozinho, por outra rota, a fim de procurar comida: fosse carne de avestruz ou de guanaco, da qual tanto nós como os cães necessitávamos. O que havíamos conseguido com os índios já estava quase no fim.

Exatamente quando saíamos, um índio chegou a galope. Era o marido da índia a pé, que tinha permanecido no acampamento, depois da partida dos outros. A cena de reconciliação foi bem curta, não passando de alguns grunhidos inexpressivos de ambos os lados, depois dos quais a índia subiu na garupa do marido, e, então, partiram para Sandy Point.

Nós agora alvejávamos a direção norte, deixando Cabo Gregório – que se localizava na direção oposta ao nosso último acampamento – para trás. O tempo passava razoavelmente rápido; I'aria tinha que manter a tropa unida e nós o aju dávamos. Também galopávamos atrás de cavalos refratários, encorajando os preguiçosos e, ocasionalmente, parando para ajeitar a bagagem.

Eventualmente, cruzávamos trechos de terra cobertos por plantações de uma profusão de frutas vermelhas e espé cies de *cranberries*[1]. Estavam maduras, saborosas e refrescantes. O clima, como de costume, estava ensolarado e encorajador; e a não ser pelo fato de que não havíamos ainda cruzado com um guanaco ou perseguido um só avestruz, não tínhamos do que nos queixar.

I'aria disse que era certo encontrarmos um guanaco na marcha daquele dia e, com tamanha certeza, confortamo-nos e mantivemos nossos olhares afiados, avidamente examinando o horizonte a cada sucessiva planície, com pesar pelo azarado animal que aparecesse em nosso campo de visão.

Entretanto, o dia passou e avistamos uma mancha escura de faias, próximas de onde acamparíamos naquela noite, sem nenhum sinal de avestruz ou guanaco. Porém, alguém encontrou um ovo de avestruz, que foi cuidadosamente guardado para a hora do jantar. Embora o ovo tivesse sido botado há talvez uns três meses, ainda havia a possibilidade de estar bom, já que esses ovos normalmente se conservam até seis meses depois da postura.

Ao pôr do sol, chegamos em um amplo vale repleto de pitorescos agrupamentos de faias, margeado por uma densa floresta da mesma espécie. I'aria apontou o local, onde, disse ele, havia algumas fontes de água, ao lado das quais acamparíamos. Nós nos dirigimos até lá. Ao chegarmos, não havia fonte alguma e I'aria afirmou que devia ter errado o lugar. De repente, ele se lembrou de que um notável amontoado de faias marcava o local certo. Então, seguimos naquela direção. Mais uma vez, I'aria estava errado e quando – após termos seguido várias de suas suposições – já havíamos vagado por todas as direções do vale durante um bom tempo sem encontrar as tais fontes, começamos a achar que I'aria estava completamente perdido e passamos a cobrá-lo. Ele negou a acusação com tanta calma e certeza que, considerando todo o tempo que ele nos conduziu incompetentemente sem rumo, teria sido engraçado se a situação não fosse séria.

Se não conseguíssemos encontrar as fontes, além de suportar uma sede torturante, teríamos que levantar a noite inteira para cuidar dos cavalos, que certamente sairiam em busca de água e acabariam se perdendo. Além disso, escurecia rapidamente e não havia nem sinal da chegada dos outros guias, cuja ausência era mais uma confirmação de que não devíamos estar na trilha certa. Como um último recurso, decidimos nos separar para que cada um seguisse uma direção diferente em busca de água. Devo dizer que tínhamos pouca esperança de obter sucesso, porque sabíamos que, além das fontes em questão, não havia água em uma considerável distância naquele território. Lançamos amargas, porém, inúteis maldições para I'aria, que agora apontava confiante um novo local como sendo "realmente" o certo, e nos dispersamos pelo vale em diferentes direções, combinando que um tiro seria o sinal caso um de nós encontrasse água.

Eu mal havia margeado a floresta de faias, por pouco mais de um minuto, quando meu cavalo subitamente relinchou de alegria, e, através de uma fenda entre as árvores, avistei duas ou três pequenas poças de água da fonte. Radiante, não perdi tempo e disparei com minha arma; o aviso logo atraiu os outros, que não tinham ido longe. Justiça seja feita: na última hora, I'aria estava vagando bem próximo de onde ficavam as fontes, e sua insistente negação de ter se perdido acabou sendo justificável. Ademais, como não havia indicação em nenhuma trilha dos pampas, onde havíamos cavalgado naquele dia, realmente não era fácil encontrar o local de primeira.

Assim que acabamos de montar as barracas e fazer a fogueira, ficamos inquietos sobre a prolongada ausência de Gregório e Guillaume, que, então, apareceram com as mulas.

Eles haviam se atrasado no caminho por conta das bagagens que caíam. Francisco também chegou, sem sucesso em sua caçada, mas a tempo de preparar uma excelente omelete com o ovo de avestruz para nosso jantar, que, por fim, estava perfeitamente saudável e palatável.

O dia seguinte seria dedicado à caçada de guanacos. A necessidade de carne tinha se tornado uma questão séria; nossos cães estavam ficando fracos e nossos suprimentos, tudo o que tínhamos para comer, estava desaparecendo de forma alarmante.

É maravilhoso como a excitação normal por uma caçada aumenta quando, em nosso caso, o jantar depende do êxito de um de nós. E foi com um sentimento quase solene que, de manhã bem cedo, selecionamos e selamos nossos melhores cavalos, afiamos nossas facas de caça, penduramos nossos rifles e, seguidos pelos cachorros – que sabiam perfeitamente quão importante significava aquele esporte – enfiamo-nos na floresta de faias até o platô, onde, de acordo com os guias, não falharíamos em encontrar um guanaco.

I'aria e Storer ficaram tomando conta do acampamento, enquanto éramos sete no grupo da caçada. A fim de cobrirmos a maior área possível, nos espalhamos em uma linha de cerca de 3,2 quilômetros e trotamos em direção ao norte do vale, varrendo minuciosamente a planície que, embora se estendesse ao longe, parecia estar tão vazia de guanacos quanto de relva. O clima, ao contrário do dia anterior, estava muito frio, e um penetrante e afiado vento soprava em nossas faces, causando muito desconforto aos que não haviam trazido seus casacos e peles. Isso, contudo, seria apenas uma trivialidade, se ao menos aqueles bons guanacos aparecessem! Claro que isso nem passava pela cabeça dos guanacos, e percorremos a planície, quilômetro após quilômetro, com esperanças que, assim como o termômetro, despencavam a zero.

Conforme o tempo foi passando, a névoa que delimitava o platô, aos nos aproximarmos, solidificou-se em uma escarpa. Cheguei lá no tempo previsto e a subi, esperando encontrar, em seu cume, outra planície, como de costume. Ao contrário, avistei um terreno desnivelado, montanhoso, atravessado por barrancos em todas as direções. Procurei ansiosamente, mas não havia nenhum sinal de guanacos. Devido à mudança da natureza do solo, perdemos a ordem de nossa linha de avanço e eu perdi meus companheiros de vista, enquanto descia um barranco ou contornava a base de uma colina; até que não demorou muito e eu avistei um deles de novo.

O vento foi ficando cada vez mais frio e uma nuvem branca gradualmente subiu no horizonte, crescendo cada vez mais até varrer tudo rapidamente em minha direção, e, então, me vi envolvida por uma furiosa tempestade de granizo. Permaneci imóvel e cobri a cabeça para me proteger das pedras de granizo, que eram bem grandes. A tempestade não durou muito, e quando olhei ao redor novamente, o terreno estava todo branco, uma atmosfera esquisita criando uma triste paisagem de inverno em pleno verão. Subitamente, assustei-me; ao meu lado, impecavelmente imóvel e me encarando no rosto, um guanaco alto.

Fiquei tão surpresa e perplexa que por espaço de um minuto permaneci quieta, encarando-o de volta. Mas um único movimento do meu cavalo quebrou o gelo. O guanaco disparou para o alto da colina como um raio, parou no pico, por um momento, e desapareceu. Nesse tempo, eu preparei meu rifle e saí atrás dele. Ao invés de subir a colina, dei a volta em sua base e, conforme esperava, encontrei meu amigo olhando na direção do alto, sem dúvida achando que eu fosse aparecer no mesmo caminho que ele havia tomado. Fui egoísta (os esportistas certamente compreenderão) por querer eu mesma matar o primeiro guanaco, portanto, fiquei feliz ao saber que meus companheiros ainda não nos haviam notado. Com o coração palpitando, desmontei do cavalo e fui caminhando devagar em direção ao guanaco que, embora tivesse me visto se aproximar, continuou parado. Minha arma era um *rook-rifle*[2], que embora seja excelente, não dispara com precisão a uma distância superior a 140 metros, e eu estava a cerca de 165 metros da minha presa. Ele permitiu que eu me aproximasse até quase a distância necessária e, então, para meu azar, assim que eu me preparava para atirar, ele calmamente andou mais uns 25 a 35 metros antes de parar novamente, observando-me com o que parecia ser um divertido olhar de impertinência, o que me irritou enormemente.

Lentamente, eu o segui, prometendo atirar assim que ele estivesse ao meu alcance, movendo-se ou não. Dessa vez, obtive mais sucesso. O guanaco me permitiu chegar a cerca dos 140 metros necessários. "Pobre sujeito!", murmurei gentilmente, pousando o rifle em meu ombro e mirando-o. Apenas um passo à frente para não errar e... Ai de mim! Eu despenquei em um buraco, que não havia percebido por conta de minha ansiedade, caindo totalmente de cara. Prontamente me pus em pé, apenas a tempo de ver o guanaco saltando sobre uma escarpa afastada, levando com ele minha chance de tornar-me a heroína do dia. Não havia o que fazer a não ser voltar até onde meu cavalo estava e ver o que tinha sido feito de meus companheiros.

Peguei o mesmo caminho que o guanaco, na remota possibilidade de cruzar com ele de novo. Subindo a escarpa que mencionei anteriormente, encontrei uma vasta planície, onde uma excitante perseguição estava acontecendo e da qual, aparentemente, eu estava condenada a participar apenas como espectadora. Um pouco longe, e cruzando minha linha de visão, o guanaco corria a toda velocidade, seguido de perto por um grupo de cachorros e, mais atrás, três homens galopando em seus cavalos, que, então percebi, serem meu marido, meu irmão e Gregório. Inicialmente, o guanaco parecia estar perdendo território, mas isso durou pouco; no instante seguinte, ele parecia escapar com facilidade, e ficava notório que ele estava só brincando com seus perseguidores. O ritmo logo começou a afetar os cães; os menos velozes já começavam a diminuir. Um deles, provavelmente o ligeiro Pié-de-Plata de Gregório, estava a larga distância dos outros cachorros e o guanaco não conseguia livrar-se dele, até que desistiu de demonstrar superioridade e passou a correr para valer.

E lá iam eles – presa, cachorros, caçadores, a perder de vista. Mas... o que houve? O guanaco parou! Apenas por um instante. Então, desviou para a esquerda. Atrás dele surgiram um outro cachorro e um dos homens montado em seu cavalo, como que por mágica, das entranhas da terra! A caçada estava melhor agora, sob meu campo de visão. Se eu tivesse a sorte de que o guanaco viesse ao meu encontro! O novo cachorro evidentemente o incomodava e, ao desviar para a esquerda, os outros cães ficaram bem mais perto de seu encalço. Mas o guanaco insistia, correndo bravamente em direção à escarpa, pois sabia que abaixo, no terreno montanhoso, ele levaria vantagem.

Os cães pareciam estar cientes disso também, pois redobraram seus esforços, resultando em uma esplêndida corrida. Inesperadamente, um outro caçador surge no altiplano e o infeliz guanaco é obrigado a desviar novamente para a esquerda, um movimento que – oba! – o traz quase de frente para mim. Isso quer dizer que, do modo como vinha acontecendo a perseguição, ele teria que cruzar a escarpa em algum ponto entre mim e o cavaleiro, formando um círculo atrás dele, que impediria sua fuga em outra direção. Vendo isso, tomada pela euforia, finquei as esporas em meu cavalo e voei para o alto da escarpa, enquanto os cavaleiros do outro lado faziam o mesmo, para que fechássemos o guanaco e o devolvêssemos aos seus inimigos. Ao perceber que perdia sua última chance de escapar, ele redobrou os esforços para tentar passar entre nós. Empenhamo-nos ininterruptamente. Mais e mais ele se aproximava da margem da planície e, já em desespero, percebi que poderia ser tarde para pegá-lo. Porém mais veloz do que o ligeiro guanaco, surgiu um valente cão de caça preto e, em um instante, depois de passar a menos de um metro de colidir com o nariz do meu cavalo e desaparecer na escarpa, o bom cão deu o bote e, segurando-se como a sombria morte às ancas do guanaco, acabou com ele.

Atrás deles, a presa era inteira assolada pelos cães. Quando refreei meu cavalo, colocando-o na parte baixa do íngreme barranco, os cachorros já haviam derrubado o guanaco, que tinha sido paralisado por Pié-de-Plata. Francisco, o último a aparecer na planície, oportunamente, deu o golpe de misericórdia no guanaco com sua faca.

Os caçadores foram chegando, um após o outro, seus cavalos quase sem fôlego, e, enquanto os cachimbos eram acesos, nós nos entretínhamos examinando nosso primeiro guanaco. Observando sua estrutura, suas pernas longas e fortes, o peito fechado, seu corpo delineado como que de um galgo[3], não podíamos imaginar que guanacos corressem em tanta velocidade. Certamente, este teria rido de nós, se não o tivéssemos encurralado. A pele de um guanaco adulto tem a textura da lã, de cor marrom avermelhada nas costas, pescoço e membros; esbranquiçado no peito e na parte interna das pernas. A cabeça se assemelha muito a de um camelo; os olhos, que possuem uma aparência estranha, por conta do formato peculiar dos ossos oculares, são enormes e bonitos. Um guanaco de bom porte pesa entre 80 e 90 quilos.

Gregório havia começado a retalhar o guanaco, que para nosso desapontamento estava com sarna – uma doença muito comum entre esses bichos, provavelmente por causa da água salobra; consequentemente, a carne não podia ser consumida por nós e o deixamos para os cachorros, que agora faziam a primeira boa refeição desde que saímos de Sandy Point. Os cães logo ficaram tão empanturrados, que se tornaram inúteis para a caça, portanto seguimos contando apenas com nossos rifles.

Gregório tinha avistado um rebanho de guanacos bem distantes, no fim da planície, onde ocorrera a caçada, e seguimos naquela direção. Após meia hora de galope, chegamos ao limite da planície, encontrando abaixo um vale com diversas depressões e outeiros. Na base de um dos outeiros, vimos um pequeno grupo de guanacos a uma distância que, graças a uma cuidadosa perseguição, conseguimos alcançar. Dois tiros afortunados e derrubamos um par deles, que felizmente pareciam saudáveis. Com a habilidosa manipulação de Gregório e Francisco, os animais foram retalhados em curtíssimo espaço de tempo, a carne distribuída em várias selas e seguimos em direção ao acampamento.

O caminho de volta parecia terrivelmente longo, agora que não estávamos mais na empolgação da caçada, e parecia inacreditável termos percorrido a lonjura que percorremos. Ao pôr do sol, depois de uma gelada e exaustiva cavalgada, finalmente chegamos às margens da planície, que dava vista para o vale, onde, naquela ocasião, fizemos nosso lar.

O anoitecer foi bom, o tempestuoso vento que nos importunara o dia inteiro havia cessado e o céu agora estava claro e brilhante. Através dos galhos das faias eu podia entrever nosso acampamento, com as barracas brancas sobre os verdes arbustos e uma fina coluna de fumaça azul subindo pelo ar, agradavelmente, sugerindo que um chá quente e outros confortos esperavam por nós. Mais adiante, no extenso gramado verde do vale, que brilhava sob os últimos raios de sol, estavam nossos cavalos, alguns pastando, outros se esticando, preguiçosamente, aproveitando a trégua após um dia de trabalho, enquanto os potros e as éguas, como era de costume no sol poente, saltavam e davam coices com toda a exuberância da juventude, sem consciência ainda das pesadas bagagens e afiadas esporas.

Qualquer personagem especial, que aquela serena paisagem pudesse pedir, foi totalmente suprida pela festiva aparição de meus companheiros, que evitando a contemplação e esperando pelo jantar, cavalgaram rapidamente em direção ao acampamento em seus desgrenhados e robustos cavalos, seus corpos cobertos por elegantes capas de guanaco e enormes pedaços de carne crua vermelha balançando nos dois lados das selas, seguidos pelos cães de caça manchados de sangue, que pareciam exaustos, depois do árduo dia de trabalho.

Entretanto, em qualquer país, onde uma pessoa esteja, e qualquer que seja o cenário – seja sua aconchegante salinha na Inglaterra ou as desoladoras estepes da Patagônia – há um sentimento comum, peculiar, que chega com o anoitecer e, inevitavelmente, leva ao pensamento que deve estar na hora do jantar. Cedendo à essa sensação, que, neste dia, era mais gritante do que o usual, deixei meu ninho e cavalguei para o acampamento.

Assim que cheguei, encontrei os preparativos para uma farta refeição em pleno andamento. A lateral inteira de um guanaco, engenhosamente espetada em uma vara de madeira, era assada em uma fogueira ardente. Em uma caçarola, a cabeça do bicho soltava seu miolo na produção do que certamente se tornaria uma excelente sopa. Na hora do jantar, pude confirmar: não existe caldo melhor do que o preparado com cabeça de guanaco misturado a arroz, vegetais secos, pimentões etc. Contudo, incorrendo no risco de ser acusada de me afastar demais do tema da alimentação, devo prestar uma homenagem à delicadeza de um pedaço singular do guanaco, que chamamos de "gordura atrás do olho" e que é, de fato, um pedaço de gordura situado, exatamente, onde diz a descrição. A língua e o cérebro são petiscos extraordinários, mas perdem, em sabor, ao paladar sutil da iguaria mencionada. Uma vez que provamos, e até o final de nossa viagem, cabeça de guanaco passou a ser um item permanente entre as nossas questões diárias, e, quaisquer inovações culinárias que discutíssemos – e elas eram tão estranhas quanto numerosas – a "gordura atrás do olho" manteve sua supremacia em nossas preferências como a melhor das iguarias dos pampas.

CAPÍTULO IX

Léguas elásticas – A Lagoa Branca – Um terremoto – Caçada aos Avestruzes – Um estranho – O modo de caça dos índios – Formando o círculo – A perseguição – Um momento excitante

Nós gostaríamos de ter permanecido no vale da floresta de faias por mais tempo, mas a necessidade de avançar o mais rápido possível era urgente demais para permitir que nos entregássemos aos nossos desejos preguiçosos, e o amanhecer contemplou nosso grupo novamente nas selas.

O campo, por onde cavalgamos nesse dia, era mais acidentado e montanhoso do que qualquer outro que havíamos cruzado anteriormente; o sol brilhava com toda a intensidade do calor do verão, e o brilho do chão quente e seco nos doía os olhos, enquanto cavalgávamos.

"Quanto ainda temos que percorrer?" era uma pergunta que estava sempre na ponta da língua, embora, por experiência, devêssemos saber que, qualquer que fosse a resposta dos guias, isso não nos deixaria mais informados. Eles responderiam loquazmente que faltavam, conforme o caso, quatro ou cinco léguas, mas já havíamos descoberto que suas noções de distância eram bem mais flexíveis, parecendo variar diariamente, e em uma extensão que tornava impossível formar uma média razoável, que nos orientasse a partir do que afirmavam. Assim, uma légua poderia significar dez quilômetros hoje e, possivelmente, apenas um amanhã.

Por fim, quando o sol começava a cair, o grito de um dos guias nos fez contemplar na direção do alto. Nos encontrávamos no topo de um penhasco, ao pé do qual se estendia uma extensa planície, e, em seu centro, cintilando como uma folha de prata, havia um amplo lago chamado "Laguna Blanca", ou Lagoa Branca.

A bem-vinda paisagem imediatamente encheu de vida nossos espíritos abatidos, e, durante a hora seguinte, cavalgamos alegremente seguindo Gregório, que procurava uma pequena ravina, onde havia um riacho de água doce fluindo em direção ao lago. Logo o encontramos e não perdemos tempo em desmontar e começar a trabalhar firmemente na montagem

A última dupla

de nossas barracas e na preparação de nossa refeição noturna. Assim que concluímos essa última tarefa, fomos dormir.

O sol já brilhava alto no céu quando abri meus olhos na manhã seguinte e, afastando a aba da barraca, olhei para o cenário do lado de fora. Todos no acampamento ainda dormiam, exceto l'Aria, que estava sentado perto do fogo, fumando tranquilamente seu cachimbo, enquanto observava a chaleira fervendo, na expectativa de seu café matinal. As planícies abaixo estavam em silêncio; contudo, o ar estava ruidoso com os gritos da revoada de gansos e patos selvagens, que alçavam voo a partir do lago em direção ao interior, sobrevoando campos de *cranberries*. Os grasnados agudos dos íbis[1], ocasionalmente, me assustavam, quando um bando dessas aves parecia passar bem sobre a minha cabeça. Na realidade, estavam lá no alto.

No momento em que contemplava essa cena, fui súbita e rudemente despertada. Um alto e retumbante som se ergueu no ar e, antes que eu pudesse imaginar o que seria, um arremesso do chão, parecendo uma onda do mar, fez-me voar de costas. Como um passe de mágica, o silencioso acampamento acordou com gritos de medo e assombro, enquanto todos saíam correndo das barracas em desespero. Os tremores ocorreram repetidamente, cada vez mais fracos, e, em cerca de cinco minutos, haviam cessado por completo, mas levou algum tempo para recuperarmos a serenidade. Aquela fora a primeira vez que eu vivia a experiência de um terremoto, e uma doentia sensação de impotência quando a terra se agita que, acredito, dificilmente possa ser comparada a qualquer outra. Nossos guias nos disseram que nenhum deles jamais havia presenciado um terremoto antes na Patagônia, ou sequer haviam ouvido falar de um.

Mais tarde, ao retornarmos para Sandy Point, descobrimos que o terremoto havia causado desastres no povoado. Todas as garrafas e produtos da loja de Pedro haviam sido lançados das prateleiras e estavam quebrados. Poucos habitantes na colônia não sofreram algum tipo de perda.

Como se pode imaginar, o terremoto foi o tema de nossas conversas durante algum tempo. Mas, pelo menos, o ocorrido não fora tão prejudicial.

Terminado o desjejum, combinamos de nos separar em dois grupos, um para a caça de avestruzes, enquanto o outro dedicaria suas energias à busca de um guanaco. Meu marido e o Sr. B., preferindo a última opção, partiram com seus rifles, juntamente com Gregório e Guillaume, em direção ao terreno montanhoso, que havíamos cruzado um dia antes.

Tão logo eles partiram, meu irmão, François e eu também, saímos em direção ao alto das colinas localizadas exatamente em frente ao nosso acampamento e que desciam em direção às planícies abaixo. Fomos seguidos por quatro cães caçadores de avestruzes, montados nos melhores e mais velozes cavalos que pudemos escolher de nossa manada.

O pequeno animal que eu montava não devia ser maior do que quinze palmos[2]. Ele era vivaz, castanho, com três pernas claras e uma marca branca que descia por seu rosto. Escalava trechos íngremes, onde pedras e rochas iam desmoronando e quebrando sob seus pés, ou trotava por uma descida escarpada e saltava os largos canais com enorme facilidade. Conforme galopávamos pelo terreno mais aplainado, que ficava entre as colinas, bastante minado por centenas de buracos do "tuca-tuca" (rato da pradaria), sua habilidade em evitar uma queda me impressionou. Meu irmão também estava bem montado em um longo, baixo e inteligente cavalo negro, que tinha a reputação de ser muito rápido; enquanto François montava um cavalo marrom em boa forma, com uma bela curvatura de pescoço e uma cabeça minúscula.

Cavalgávamos em silêncio, com os olhos atentos, na esperança de avistar um avestruz, quando meu cavalo se assustou repentinamente com algo branco no chão, a poucos passos de distância. Passando as rédeas por cima de sua cabeça, desmontei e caminhei em direção ao local. Por entre a grama alta, descobri um ninho de avestruz abandonado, contendo dez ou onze ovos, e chamei François para examiná-los, que ficou muito desapontado ao descobrir que nenhum deles estava fresco.

Com a superstição de um caçador de avestruzes, François pegou uma pena, que estava próxima, e colocou-a em seu chapéu, assegurando-nos de que isso era um bom sinal e que não demoraria muito para encontrarmos uma dessas aves.

Sua previsão logo se confirmou, pois, ao alcançar o topo de uma pequena colina, que havíamos escalado lenta e furtivamente, dois pequenos objetos cinzentos me chamaram a atenção. Fiz um sinal para François e meu irmão, que estavam cavalgando a cerca de vinte metros atrás de mim, e, colocando esporas em meu cavalo, galopei morro abaixo em direção aos dois objetos cinzentos que havia avistado ao longe. "Choo! choo!" gritou François, um grito com o qual os caçadores de avestruzes incentivam seus cães e indicam que estão próximos da presa. Como um relâmpago, os quatro ávidos animais passaram por mim, determinados a capturar a presa que sua visão aguçada já havia detectado.

Os avestruzes lançaram um olhar para seus perseguidores e, no momento seguinte, deram a volta e seguiram em direção à planície, movendo-se a uma velocidade tremenda.

Naquele momento, pela primeira vez, eu começava a experenciar a gloriosa empolgação de uma caçada a avestruzes.

Meu pequeno cavalo, tão ávido quanto sua cavaleira, pegou a embocadura entre os dentes, e lá fomos nós subindo e descendo as colinas a uma velocidade incrível.

Os avestruzes voavam sem parar, enquanto se aproximavam deles, sorrateiramente, "Leona", uma pequena Deerhound[3] escocesa mestiça vermelha e "Loca", uma *lurcher* preta e robusta, que por sua vez era seguida por "Apiscuña" e "Sultan". No momento seguinte, a cachorrinha vermelha estava ao lado das aves. Contudo, subitamente eles desviaram para a direita e para a esquerda, respectivamente, correndo em direções opostas pela planície, um blefe que, obviamente, deu-lhes uma grande vantagem, já que os cães, em sua ansiedade, já tinham avançado bastante antes de conseguirem parar. Quando finalmente conseguiram, os avestruzes já estavam em tamanha vantagem que, percebendo que a perseguição era inútil, chamamos os cães de volta. Desapontados com nosso fracasso e aborrecidos, direcionamos nossos cavalos de volta ao acampamento.

À medida que cavalgávamos, fomos surpreendidos pela repentina aparição de um homem galopando em nossa direção. Ele vestia um manto de guanaco e seus longos cabelos negros flutuando ao vento lhe conferiam uma aparência selvagem. "Um índio!" eu exclamei. Mas François sacudiu a cabeça e fomos de encontro ao estranho. Ao se aproximar, apertou as mãos de François, a quem parecia já conhecer, e sem demonstrar qualquer sinal de curiosidade em relação a nós, virou seu cavalo e se preparou para nos acompanhar.

Notei que, embora seu rosto, pernas e mãos fossem quase da cor de cobre, como as de um índio, seu rosto tinha os traços de um homem branco. François me contou que ele era um condenado chileno que havia desertado de Sandy Point há um bocado de anos, e, desde então, vivia entre os índios, adotando suas roupas e costumes, até se tornar completamente um deles. Em resposta às minhas perguntas, parecia que ele estava acampado com alguns índios do outro lado do lago. Eles estavam caçando e o homem retornava para casa quando nos viu; sem nada melhor para fazer, pensou em visitar nosso acampamento.

De volta ao acampamento, zombaram muito de nós por nosso insucesso, uma vez que meu marido e o Sr. B. haviam tido um ótimo dia de caça, conseguindo trazer muita carne de guanaco. Naquela noite, enquanto fumávamos cachimbos e tomávamos café, foi realizado um sério conselho de guerra entre o nosso grupo sobre a caçada a avestruzes, no dia seguinte.

O chileno sugeriu a formação de um círculo e se ofereceu para, em troca de nossa hospitalidade, permanecer mais um dia e participar do evento.

Formar um círculo é o método pelo qual os índios geralmente obtêm sua caça. Para formá-lo, são acesas fogueiras ao redor de uma grande área de terreno onde diversos caçadores avançam por todos os lados. Assim, obtém-se um círculo completo de fogueiras ardentes, e, qualquer presa que se encontrar dentro daquela área certamente se tornará uma presa dos cães, porque nenhum avestruz ou guanaco enfrentará o fogo. Para qualquer direção que virem, eles veem à frente uma coluna de fumaça ou são interceptados por cães e cavaleiros. A fuga se torna quase impossível, não demorando muito para que fiquem desnorteados e sejam capturados. Antecipando o árduo dia de trabalho que enfrentaríamos, encerramos nosso conselho de guerra e fomos deitar-nos mais cedo do que o habitual.

Na manhã seguinte, com os cavalos prontos, não perdemos tempo e montamos rapidamente, deixando Storer responsável pelo acampamento, para sua consternação e a despeito de sua séria objeção e insistentes protestos. O pobre homem reclamava em vão, dizendo que, caso os índios descobrissem nosso refúgio, ele estaria completamente indefeso para evitar que saqueassem todo o acampamento, especialmente porque sua falta de conhecimento da "gíria", como ele desdenhosamente chamava a língua Tehuelche, o deixaria em uma posição extremamente vulnerável. Apesar de sua argumentação e dos olhares suplicantes, partimos, determinados a arriscar a improvável invasão dos índios, cujo acampamento ficava a pelo menos trinta e dois quilômetros do nosso. Por cerca de meia hora, seguimos Gregório e o chileno, ao longo de uma fila de colinas fragmentadas. Fizemos uma parada e, em seguida, enviamos Guillaume e I'Aria à frente para iniciar os primeiros e mais longínquos procedimentos do círculo. Eles partiram em um trote rápido e não demorou até que várias colunas ascendentes de fumaça mostrassem que eles já haviam iniciado o trabalho. Os próximos a compor o círculo central foram meu marido, François e o Sr. B., logo apoiados do lado direito pelo chileno e por meu irmão. Imediatamente à esquerda deles, Gregório e eu começamos as operações, e, então, um nítido círculo de fogo podia ser visto surgindo rapidamente de todos os pontos. Não pude deixar de ficar profundamente impressionada com a vista inédita que estava diante de mim. Do elevado planalto, onde estávamos, eu podia avistar quilômetros e quilômetros de terra deserta e nunca trilhada, onde incontáveis rebanhos de guanaco vagavam tranquilamente em paz. Ao longe, erguiam-se os cumes dos Andes, envoltos em seu manto de mistério, solitários e inexplorados. As enormes colunas de fumaça e as vívidas chamas das fogueiras do círculo conferiam um aspecto selvagem à emocionante cena, à qual os assustados grupos de guanacos, que se apressavam para escapar do círculo e dos ávidos cavaleiros galopantes, deixavam a movimentação ainda mais animada.

Por algum tempo, Gregório e eu cavalgamos lenta e silenciosamente, quando um repentino e inesperado salto do meu cavalo quase me derrubou. "Avestruz! Avestruz!" brada Gregório, e vira seu cavalo com um movimento rápido. "Choo! choo! Plata!", eu grito para o cachorro que segue os cascos do meu cavalo, enquanto um belo avestruz macho vai, com a velocidade de um raio, em direção às colinas, de onde acabáramos de chegar. Plata o avista e se esforça com cada membro de seu corpo para alcançar a aterrorizada ave. Mesmo sendo um cão valente e veloz, ele levaria todo o seu tempo para chegar ao lado do imponente avestruz, que segue a passos largos, orgulhosamente consciente de sua força e agilidade. “Vamos perdê-lo!” eu berro, meio louca de euforia, esporeio meu cavalo, que começa a arfar e fraquejar à medida que lutamos para subir a colina, cada vez mais íngreme. De repente, o avestruz faz uma rápida curva à esquerda e inicia uma descida apressada. O motivo logo se explica: na direção para onde seguia, uma grande nuvem de fumaça se erguia ameaçadoramente em seu caminho, e, retrocedendo do refúgio que que esperava encontrar entre as colinas, o grande pássaro é forçado a mudar sua rota e dirigir-se aceleradamente às planícies. Porém, tão rapidamente quanto ele voa, também corre Plata, que encontra a corrida ladeira abaixo muito mais adequada para seus ombros esplêndidos e passada ágil. Passo a passo, ele diminui a distância que o separa de sua presa e se aproxima mais e mais da ave, que rapidamente se cansa e se entrega. Lá vamos nós, desenfreados pela colina, descontrolados e imbatíveis pelos numerosos obstáculos que bloqueiam o caminho. Plata está ao lado do avestruz e se prepara para saltar na garganta da ave. “Ele o pegou, ele o pegou!” eu grito para Gregório, que não responde, mas instiga seu cavalo com chicote e espora. “Ele o pegou mesmo?” Sim – não! – o avestruz, com um rápido giro, disparou cerca de trinta metros à frente de seu inimigo, e girando, faz seu caminho de volta para as colinas. E agora começa a luta pela vitória. A ave definitivamente leva vantagem, pois Plata, embora lute bravamente, não gosta da árdua tarefa de subir a colina e, a cada passo, perde terreno. Há outra fogueira no alto, mas está muito à esquerda para atrair a atenção da ave, que claramente tem uma segura rota de fuga em vista nessa direção. Seguimos avançando, o avestruz voando e pobre Plata lutando corajosamente em seu rastro.

"Ele vai conseguir continuar?" eu grito para Gregório, que sorri e concorda com a cabeça. Ele está certo, o cachorro vai continuar, pois mal as palavras deixam meus lábios, quando, com um esforço tremendo, ele acelera e corre ao lado do avestruz. Mais uma vez a ave aponta para a planície; ele está começando a fraquejar, mas ele é grande e forte, e ainda não está derrotado. Levará todo o tempo e a astúcia de Plata para derrubar essa magnífica ave, e será uma longa e ferrenha luta até que que a corajosa criatura entregue sua vida.

Inconsciente de qualquer coisa além da emocionante perseguição diante de mim, sou repentina e desagradavelmente lembrada de que existe algo chamado prudência e que é necessário olhar para onde você está indo. Então, ao colocar o pé em um buraco excepcionalmente profundo de tuca-tuca, meu pequeno cavalo bate com a cabeça e cai de costas, enterrando-me sob ele em uma confusão desesperadora. Felizmente, além do susto, estou ilesa. Monto de novo o cavalo e me empenho em juntar-me à perseguição, agora um tanto distante. O avestruz, Gregório e o cachorro atingiram a planície, e conforme galopo apressadamente morro abaixo, posso ver que a ave começou a fazer zigue-zague. Esse é um claro sinal de fadiga e mostra que sua força está começando a falhar. No entanto, é uma questão de grande dificuldade para um cachorro garantir sua presa, mesmo nessa conjuntura, visto que ele não pode virar e girar tão velozmente quanto o avestruz. A cada zigue-zague, o pássaro dispara bem à frente de seu perseguidor e ganha considerável vantagem. Ao longe, na planície, os dois animais voam, enquanto Gregório e eu pressionamos ansiosamente em seu rastro. A excitação se intensifica a cada instante, e observo a luta de perto com aguçado interesse. Inesperadamente, o passo do pássaro fica mais lento, seus zigue-zagues se tornam mais frequentes, e chuvas de penas voam por todos os lados, enquanto Plata o agarra pelo rabo, que se desprende de sua boca. Em outro momento, o cachorro o segura pela garganta e, por alguns minutos, não se pode distinguir nada além de um amontoado cinza em dificuldade. Então, Gregório se lança e se joga do cavalo, quebra o pescoço da ave, e quando chego à cena, a batalha terminou. A perseguição durou vinte e cinco minutos.

Nossos cães e cavalos estavam em um estado deplorável. O pobre Plata estava estendido no chão, com a língua quente e inflamada caindo para fora da boca, e seus apoiadores correndo a 100 quilômetros por hora. Os cavalos, com as cabeças inclinadas até quase tocarem o chão e seus corpos encharcados de suor, formavam uma imagem lamentável.

Enquanto Gregório retirava as vísceras e fechava o avestruz, eu afrouxava as selas dos cavalos e os levava a um lago próximo para beberem água. Finalmente, os animais ficaram mais tranquilos, e, assim que pareceram em condições adequadas para continuar, Gregório e eu levantamos o enorme pássaro e o colocamos sobre seu cavalo, amarrando-o sobre a região da cernelha do animal. Sobrecarregado, Gregório partiu em direção ao acampamento, seguido por Plata, enquanto eu saí na direção oposta, em busca dos meus companheiros na planície. Não demorou muito para que eu distinguisse, bem ao longe, um avestruz vindo diretamente em minha direção, seguido de perto por um cão e dois cavaleiros. Galopando ao encontro deles, acabei conduzindo a ave para as mandíbulas de "Peaché", o cão de I'Aria. Os dois cavaleiros revelaram ser o próprio I'Aria e meu irmão, que chegaram na cena encalorados e cheios de empolgação, justo quando eu descia do meu cavalo para evitar que Peaché dilacerasse a ave. Deixando I'Aria para completar o trabalho de caçador, meu irmão e eu cavalgamos lentamente de volta ao acampamento, falando sobre os méritos de nossos cavalos e cachorros, e a garra dos dois avestruzes que tínhamos abatido. Tão absortos estávamos em nossa conversa que mal pudemos acreditar quando avistamos nosso aconchegante pequeno refúgio. Ficamos muito satisfeitos em desmontar e nos refrescar com o café quente preparado pelo velho Storer, que estava pronto nos esperando.

Um a um, os outros caçadores foram chegando. Todos tinham sido bem-sucedidos, à exceção de Guillaume; e, enquanto nos reuníamos em torno dos cinco grandes avestruzes caídos no chão, parabenizamo-nos uns aos outros por nossa boa sorte e pela excelente caçada que tivemos. No jantar, avaliamos a carne de avestruz, que agora realmente provávamos pela primeira vez, porque a que havíamos obtido no acampamento indígena estava seca e intragável. Achamos excelente; o peito e as asas são particularmente bons; estas últimas muito parecidas com a carne de faisão.

CAPITULO X

Partida de Laguna Blanca – Um gato selvagem – Sopa de íbis – Um fértil desfiladeiro – Lei e igualdade indígena – Nosso primeiro puma – Covardia do puma – Desconfortos de uma noite chuvosa – Um prato misterioso – Uma boa corrida.

Após uma estada de quatro dias em Laguna Blanca, com nossos cavalos devidamente descansados, decidimos seguir viagem. Eu já me sentia bastante familiarizada com a pequena ravina, onde nosso acampamento havia sido montado, e, apesar da minha ansiedade em continuar o percurso e de superar a monotonia das planícies o mais rápido possível, ao deixar aquele local senti uma ponta de tristeza. Cada arbusto por onde passava me lembrava algum evento corriqueiro ocorrido durante nossa permanência ali, e eu, generosamente, concedia ao meu entorno uma despedida interna.

Enquanto estávamos trotando, notei que uma das éguas olhava o tempo todo ansiosamente para trás e, ao contar os potros, percebi que um deles estava faltando.

Chamei a atenção de I'Aria para o fato, e ele, imediatamente, voltou ao acampamento para procurar o animal perdido, que imaginava ter ficado para trás em uma ravina, onde os cavalos costumavam pastar. Enquanto isso, seguimos em frente, passando pelo acampamento dos índios, cuja fumaça das fogueiras tínhamos avistado em Laguna Blanca. Eles haviam deixado o acampamento no dia anterior e agora seguiam em marcha rumo ao sul, como indicavam diversas colunas de fumaça, que podíamos ver no horizonte distante, pois era hábito deles, quando em viagem, acender fogueiras em intervalos regulares.

Pouco depois de termos passado pelo acampamento indígena, fomos surpreendidos por uma série de uivos do "Negro", o cachorro de Guillaume, que lutava com algum outro bicho na relva. Rapidamente os outros cães se juntaram a ele e, quando nos aproximamos, encontramos todos envolvidos em combate mortal com um enorme gato selvagem, que já havia ferido Negro gravemente e se defendia com ferocidade do ataque de seus inimigos. Dois tiros foram disparados contra ele, sem efeito, porém Gregório conseguiu matá-lo com um golpe de "bolas"[1]. Até seu último suspiro, ele cuspia e arranhava com uma fúria indomável, e quase todos os cães estavam mais ou menos feridos; o pobre Negro, em particular, severamente cortado e dilacerado.

Enquanto lavávamos os cães em uma poça d'água, Gregório escalpelou o gato selvagem e, depois, procurou por seu companheiro, que durante a briga alguém viu escapar com sucesso. No entanto, a busca foi infrutífera, e seguimos adiante, com mais um incidente gerando assunto pelas próximas horas.

I'Aria juntou-se a nós novamente, porém, embora tivesse feito uma busca minuciosa por toda a área próxima ao nosso acampamento, não encontrou nenhum vestígio do potro desaparecido, que sem dúvida tinha sido a presa de algum puma.

Ao entardecer, chegamos a um grande lago de água doce, chamado Laguna Larga, às margens do qual montamos nossas barracas. Meu marido, saindo com sua espingarda, conseguiu matar um íbis, o primeiro que qualquer um de nós havia caçado, embora tivéssemos tentado várias vezes em Laguna Blanca, certos de que essa ave renderia uma excelente sopa. Colocamos o íbis na panela, e embora sua carne estivesse um pouco dura, o caldo dela era tudo o que podíamos desejar. Laguna Larga, como quase todos os lagos, que vimos na Patagônia, estava repleta de aves selvagens e, entre outras espécies, observamos dois flamingos, cujas maravilhosas plumagens vermelhas despertaram nossa cobiça. Então, organizamos uma elaborada estratégia para tentar capturar um deles.

No entanto, eles nunca nos deram uma chance e navegaram majestosamente para longe ao primeiro sinal de perigo.

No dia seguinte, a maior parte de nosso percurso foi atravessar um vale fértil, no meio do qual corria um riacho estreito, porém extremamente profundo. Esse desfiladeiro tinha uma largura de mais ou menos oito quilômetros, e seguimos por sua sinuosa estrada por trinta e dois quilômetros. Seu comprimento total devia ter em torno de duzentos e quarenta quilômetros, pois sem dúvida se estendia até a costa. A grama era alta e verde, em muitos pontos chegando à altura do ventre dos nossos cavalos. Como vales igualmente férteis são encontrados cruzando as planícies áridas em todas as direções, um número enorme de gado e ovelhas poderia ser criado neste território, não fossem as pesadas nevascas durante o inverno e as enchentes na primavera, que inundam todos esses vales por um período considerável, durante o qual os animais teriam que procurar alimento nas planícies, onde, desnecessário dizer, não encontrariam.

Ao emergirmos do vale em direção às planícies, notamos um animal no horizonte, que inicialmente pensamos ser um gigantesco guanaco, mas que revelou ser um cavalo. Gregório, por ter sido o primeiro a vê-lo, tornou-se *ipso facto*[2], de acordo com a lei não escrita dos pampas, o dono, caso conseguisse capturá-lo. Levando I'Aria consigo, Gregório cavalgou para a esquerda, com a intenção de se posicionar atrás de sua futura propriedade e conduzi-la em direção ao nosso grupo, o que conseguiu sem dificuldade. O cavalo ficou olhando fixamente nossa cavalgada se aproximar por algum tempo, até que veio galopando em nossa direção com relinchos altos de saudação, causando consternação em nossa tropa, que relinchou e resfolegou em resposta, aparentemente não muito satisfeita com a visão do recém-chegado. Todavia, tudo foi pacificamente resolvido e, após mais algumas demonstrações, o cavalo foi admitido no grupo, claramente satisfeito por se encontrar novamente entre os de sua espécie. Segundo Gregório, o cavalo pertencia a algum índio, que provavelmente o perdera durante a marcha. Perguntei a Gregório se o dono poderia reivindicar o cavalo novamente, e ele me disse que segundo a lei entre os índios, quem encontra algo recebe cerca de um terço do valor do objeto achado. Geralmente surgem algumas dificuldades nesses casos quanto ao valor do achado, pois as partes naturalmente superestimam e desvalorizam conforme seus respectivos interesses; isso ocorre especialmente quando a negociação é debatida entre um índio e um homem branco. Entre eles próprios, os índios são notavelmente justos em seus negócios, mas, como sabem que os comerciantes os enganam sempre que podem, eles reconhecem um padrão totalmente diferente de moralidade em seus tratos com os brancos.

À medida que nos aproximávamos do local onde pretendíamos acampar, uma das mulas, que liderava o grupo, disparou repentinamente. Em seguida, todo o grupo se dispersou e se espalhou, galopando em todas as direções. Qual teria sido a causa dessa debandada? Avançamos rapidamente, mas nada se movia na grama alta, embora vasculhássemos toda a área. Ficamos perplexos por um momento. "É um puma em algum lugar", disse Gregório. As palavras mal haviam saído de sua boca quando um alto grito de aviso rasgou o ar. "Lá vai ele, lá vai ele!" gritaram dois ou três de nosso grupo em coro, e realmente lá ia ele, um forte puma amarelo, se afastando rapidamente à nossa esquerda, com meu irmão seguindo de perto a sua trilha. Em questão de instantes, todos nós galopamos atrás do puma e nos aproximamos a cerca de dez metros dele; mais perto que isso era outra história, já que nossos cavalos tremiam de medo, e com dificuldade tentávamos mantê-los sem que virassem as costas e fugissem da temida presença de seu inimigo mortal.

Enquanto isso, o puma, ao se ver cercado, deitou-se teimosamente, olhando-nos com ódio persistente e parecendo mal prestar atenção à presença dos cães, que rosnavam furiosamente a uma respeitosa distância de suas garras. Percebendo que era inútil se aproximar a cavalo, meu irmão desmontou e, com um rifle à mão, mirou cuidadosamente o animal agachado e atirou. Simultaneamente ao disparo, com as patas estendidas e um rosnado profundo, o puma saltou à frente e, então, caiu pesadamente no chão, enquanto nossos cavalos, ficando completamente incontroláveis, empinaram e desembestaram. Quando finalmente conseguimos controlá-los, nada os convenceria a voltar ao local onde estava o corpo inerte do puma, portanto tivemos que desmontar e caminhar até lá.

O puma parecia bastante feroz e perigoso; ao ver suas patas robustas com garras afiadas e seus impiedosos dentes brancos, nos perguntamos se, caso tivesse consciência de seus próprios poderes, o puma seria um animal tão covarde quanto é. Eles quase nunca atacam humanos, mesmo quando encurralados, mas se deitam e enfrentam com teimosia o seu destino, embora possam matar um guanaco adulto com uma golpe de pata e derrubar um cavalo com a mesma facilidade. Os indígenas afirmam que pumas só têm filhotes a cada dois anos, mas se isso é verdade ou não, eu não sei. Eles parecem ser comparativamente muito escassos, um fato que pode ser atribuído a essa peculiaridade, aliado ao fato de os indígenas e comerciantes acabarem com um bom número deles anualmente.

Após a agitação com a morte do puma, reunimos nossos cavalos e seguimos em direção ao local onde pretendíamos acampar. Passamos a noite no vale que descrevi anteriormente, e, pela primeira vez desde que chegamos às planícies, chovia. Não é nada agradável ouvir a chuva batendo na barraca, especialmente quando se tem dúvidas sobre a capacidade da lona em resistir à água, e, até então, não tivéramos oportunidade de testar a nossa. Felizmente, dessa vez a chuva não durou muito tempo, e, exceto por uma sensação de umidade, não enfrentamos maiores inconvenientes. Prosseguindo nossa jornada, no dia seguinte chegamos ao Rio Gallegos, que atravessamos em um local chamado “Paso de los Morros”; sendo os “Morros” duas colinas em formato cônico, da mesma altura, que constituem um ponto de referência marcante, visíveis a uma considerável distância. O rio estava muito baixo naquele momento, mas devido à irregularidade do seu leito e à velocidade da correnteza, foi necessário ter cuidado ao atravessar o vau para evitar que algum dos cavalos de carga sofresse um acidente. Passamos sem nenhum contratempo e montamos nosso acampamento próximo à margem, abrigados por um pequeno e aconchegante bosque de faias. Gostamos tanto do lugar que decidimos passar dois dias ali, especialmente, porque os cavalos de carga precisavam descansar após a longa marcha desde Laguna Blanca.

Passamos agradavelmente o primeiro dia, com diversas ocupações úteis, como limpar armas, escrever diários etc., embora eu deva dizer que a melhor parte foi não ter que fazer experimentos culinários, uma vez que meu irmão e o Sr. B. estavam ambos ansiosos para provar sua superioridade na cozinha. Nos divertimos muito com um prato misterioso que meu irmão passou a tarde inteira elaborando, e que, se suas próprias expectativas exageradas tivessem sido confirmadas, certamente teria sido um triunfo de habilidade. O cuidado que ele dedicou à preparação do prato e o sigilo impressionante com que conduziu suas operações nos levaram a acreditar firmemente que uma surpresa muito aprazível nos aguardava. Mas, quando chegou a hora do jantar, e a sopa e o assado foram apressadamente consumidos para podermos apreciar melhor o esforço de meu irmão, a surpresa – pois era de fato uma surpresa – revelou-se muito desagradável; o "prato" ao qual havia se dedicado tão cuidadosamente provou ser uma caseira e curiosa combinação de arroz, leite conservado e açúcar mascavo, com um sabor acentuado de queimado; e após engolir algumas colheradas, até mesmo seu criador teve que admitir, fazendo uma careta, que seus esforços resultaram em um fracasso. Meu irmão claramente provou sua incapacidade em ocupar o alto cargo de cozinheiro, então deixamos que, dali para a frente, a cozinha ficasse sob a supervisão de Francisco, e ficamos em ótimas mãos.

O dia seguinte foi dedicado à caça de avestruzes. Fizemos dois ou três círculos, o que foi insuficiente, e não conseguimos capturar um único animal. Já estávamos voltando para casa, um tanto desolados, quando alguém observou um avestruz correndo exatamente em nossa direção, aparentemente com a intenção expressa de nos permitir matá-lo. Contudo, quando partimos em galope para encontrá-lo no meio do caminho, ele mudou de ideia e disparou para o lado, seguido por todo o nosso grupo. Infelizmente, os cães, como frequentemente acontece quando precisamos deles, haviam ficado para trás, e uma depressão na planície nos escondia de seu campo de visão. Parecia uma perseguição desesperada, já que nossos cavalos cansados não eram páreo para o avestruz, que se distanciava a cada passada. Para nossa surpresa, no entanto, ele, de repente, começou a curvar-se para frente e vimos que estava sendo duramente perseguido pelo cão de Guillaume, do qual evidentemente tentava escapar quando nos encontrou. Com renovado entusiasmo, avançamos, espalhando-nos em um semicírculo, para poder fazer o avestruz voltar na direção do cachorro, caso ele dobrasse ao nosso redor. Uma perseguição emocionante se seguiu. O cão, um animal esperto, fez o máximo para que a ave viesse em nossa direção, em vão, e a velocidade em que ambos estavam impediu que nos aproximássemos. O cachorro estava cansando, mas resistia firmemente, com as duplas passadas o exaurindo. Por fim, ao tentar parar bruscamente, ele se projetou demais e deu uma cambalhota completa, e o avestruz, aproveitando o momento, literalmente lançou todas as velas e deslizou para longe, com o vento forte a seu favor. "Ele se perdeu!" gritou Francisco, freando. "Não, não – o rio, o rio!" – exclamou Gregório, esporeando com mais força, e nós o seguimos. Lá estava o rio brilhando diante de nós, com o avestruz a menos de cinquenta metros da margem, e – urra! – toda a nossa matilha de cães em seus calcanhares. Ele deve entrar na água, ou será nosso. Em um segundo, ele alcança a margem e pausa. Ele entrou! Não – seu coração o traiu, e com uma sinistra queda das asas, mas com um impulso tremendo, ele disparou novamente, com apenas cinco metros entre ele e os cães, que se esticavam ao máximo. Seguimos em frente. O avestruz ganha terreno; ah, aquela curva traiçoeira do rio! Ela o obriga a desviar-se e, em um segundo, ele encontra Gregório. Uma dobradinha habilidosa o livra de seu novo inimigo e, com um último esforço, ele avança novamente. O círculo se fecha, os gritos dos cavaleiros por todos os lados o confundem, o avestruz hesita por um segundo; nesse instante os cães estão sobre ele, e, então, ele se encontra como uma massa de penas tremendo e lutando. Cavalos, cães e homens – todos estamos ofegantes e sem ar. Os cachorros, por conta da tão acelerada corrida, estavam exaustos ao ponto de não conseguirem se mover. Mesmo quando Francisco começou a cortar a ave, essa ação, geralmente tão interessante para os cães por causa das deliciosas porções que lhes cabiam, mal despertava sua lânguida atenção.

Estávamos bastante cansados quando chegamos em casa, e após o jantar e uma detalhada discussão sobre todos os aspectos da corrida, ficamos felizes em ir para a cama.

CAPITULO XI

Um numeroso rebanho de guanacos – Um ermitão dos pampas – I'Aria se perde mais uma vez – "Chorlitos" – Uma nova emoção – Arco-íris lunar – Conhecimento do clima – Otimista e pessimista – Abundância de aves selvagens – Má sorte

O dia seguinte nos encontrou mais uma vez sobre as selas, trotando pelas planícies, esperançosos de que a rápida chegada às Cordilheiras nos animasse, sob a depressão de espírito que o monótono cenário da região não cessava em nos causar. Já havíamos nos acostumado às características da paisagem desde que deixáramos Cabo Negro, sendo esta região ainda mais árida do que a usual, se é que isso era possível.

A cavalgada desse dia foi memorável devido à imensa quantidade de guanacos que cobriam toda a planície. Ao atingirmos um enorme vale, fomos surpreendidos pela visão de um rebanho desses animais, não inferior a cinco mil deles. A enorme massa viva passou ao nosso lado, subindo a crista de uma escarpa, que fazia limite com o vale, durante um espaço de tempo de dez minutos – embora estivessem em um ritmo bastante acelerado. Antes do dia terminar, mais uma ou duas vezes, nos deparamos com um rebanho igualmente numeroso. Como um número tão extraordinário de animais consegue encontrar subsistência nas planícies áridas, que eles parecem preferir até mesmo às ravinas cobertas de grama, é algo difícil de explicar. É certo que a grama seca dos pampas deve conter excelentes propriedades nutritivas, porque os guanacos prosperam e engordam bastante graças a ela. Embora geralmente retraídos, encontramos um rebanho composto por animais incomumente dóceis. Conforme nos aproximávamos, em vez de fugir, todo o rebanho trotava lentamente em nossa direção, olhando-nos com ingênua indiferença, o que revelava que eram inocentes em relação à caçada. Por acaso, tínhamos bastante carne, então os deixamos em paz. Não era comum encontrá-los tão dóceis, especialmente, quando estávamos com pouca carne; nesses casos, com a habitual perversidade das coisas, eles mal permitiriam que nos aproximássemos dentro do alcance do rifle. Conforme avançávamos, observamos uma coluna de fumaça a oeste, que Gregório julgou ser proveniente de algum incêndio próximo às Cordilheiras.

Segundo sua descrição, ela indicava o acampamento de um excêntrico inglês chamado Greenwood, que aparentemente tem uma influência nessa região e evita o contato com seus conterrâneos, raramente descendo até Sandy Point. Na verdade, de acordo com Gregório, ele parecia viver como um eremita. Renunciara ao mundo e às suas vaidades, até mesmo ao ponto de desprezar os confortos rústicos comuns aos outros habitantes dos pampas. Vestido da maneira mais primitiva, ele perambula pelas encostas das Cordilheiras e, ao invés de fazer uma viagem até a colônia para abastecer-se de provisões, passa o ano inteiro se alimentando pura e simplesmente de carne de avestruz e guanaco.

Eu fiquei muito interessada nesse tipo de homem selvagem da floresta e mantive um olhar atento enquanto viajávamos por aquela região, na esperança de encontrá-lo. No entanto, caso estivesse próximo a nós em algum momento – e, é claro, que nossas fogueiras, se ele escolhesse se aproximar, dariam indicação suficiente de nossa localização – ele não renunciou à sua regra de privacidade e, consequentemente, nunca tive a oportunidade de conhecê-lo pessoalmente.

Durante a cavalgada, começamos a cuidar de um avestruz macho, que tinha cerca de quarenta filhotes sob sua proteção. Embora tenhamos chamado os cães de volta, nada podia detê-los, e eles partiram em caçada, matando um dos pequenos filhotes antes que pudéssemos alcançá-los; o avestruz macho e os outros escaparam.

A carne de um jovem avestruz não é muito saborosa, então abandonamos a ave, levando apenas suas pernas, que serviriam como bons cabos para guarda-chuvas e chicotes. Nesse dia, I'Aria, novamente, destacou-se ao se perder, tendo sido encarregado pelos outros guias, na ocasião, de liderar o grupo, supondo que ele era quem melhor conhecia aquela região.

Durante quase duas horas, seguimos I'Aria em todas as direções através de um extenso bosque de faia, em busca das nascentes onde acamparíamos naquela noite. E, quando finalmente as encontramos, foi graças a Gregório e em uma direção completamente diferente daquela em que I'Aria, com sua habitual confiança teimosa, estava nos levando. Ele recebeu muitas críticas de seus colegas e olhares de desaprovação de todos nós, o que suportou com a alegre indiferença, que o caracterizava em todas as circunstâncias.

O acampamento atual seria o nosso último entre as árvores de faias, pois agora atravessaríamos uma região completamente desprovida de vegetação, no caminho de entrada das Cordilheiras. Essas manchas ocasionais de faias só podem ser encontradas nas proximidades das montanhas; nas planícies que se estendem até a costa, não há nada que pudesse ser usado como combustível além de "berberis"[1] e algumas outras variedades de arbustos raquíticos. Portanto, aproveitamos, ao máximo, nossa atual abundância de madeira e nos deliciamos com grandes fogueiras, a fim de guardar na memória pelo menos algumas calorosas lembranças para levar conosco à região desolada a que estávamos prestes a adentrar.

No jantar, provamos uma novidade em termos de aves, de tal excelência que não posso deixar passar a oportunidade sem elogiar seus méritos. Durante o dia, nos deparamos com grandes bandos de uma ave que os nativos chamam de "chorlito" ou "batatu", uma espécie que se assemelha a uma batuíra do campo e a uma narceja. Essas aves descem à Patagônia em números inacreditáveis nesta época, para se banquetear com os *cranberries* maduros que crescem em profusão por toda parte, e com quais os avestruzes, íbis e gansos selvagens se alimentam e se desenvolvem. Tínhamos abatido alguns desses "chorlitos" e eles foram assados no espeto para o jantar, juntamente com algumas narcejas e patos selvagens que tínhamos trazido de Gallegos. Entretanto, no jantar, eles foram inicialmente um pouco negligenciados, pois estávamos um pouco cansados de aves, uma vez que havíamos comido muitas delas em Laguna Blanca. Logo, porém, após o jantar ter terminado, alguém do nosso grupo, movido mais por uma curiosidade despretensiosa do que por qualquer desejo de satisfazer um apetite já saciado, tirou um desses chorlitos do espeto e, com uma expressão meio depreciativa, deu uma mordida nele. Quando o fez, a súbita alteração em seu semblante, de apatia para atividade, foi um espetáculo. A aparência até então de indiferença cansada transformou-se em intensa estupefação e, finalmente, suave deleite, à medida que, pedacinho por pedacinho, o chorlito desaparecia em sua garganta. Embora nada tenha comentado, sua ação silenciosa dizia eloquentemente pencas de recomendações e, como se pode imaginar, logo todos estávamos ocupados comendo chorlitos. Por um tempo, nenhum som era ouvido além dos lábios sendo lambidos, o estalo dos ossos sendo quebrados e, ocasionalmente, exclamações como "Espetacular!" "Puxa!" "Delicioso!" etc., etc. A verdade é que tínhamos descoberto que algum rei persa ofereceu metade de seu reino para ter – uma nova emoção – pois a carne do chorlito, alimentado com cranberries, é tão sedutoramente suculenta, tão sublimemente temperada, tão além do que o gourmet poderia sonhar no mais incomparável voo de sua imaginação, que a sensação que ela produz no paladar, ao ser provada pela primeira vez, pode, sem exagero, ser descrita como alcançar a dignidade de uma emoção.

Infelizmente, à medida que viajávamos rumo ao norte, parecia que estávamos deixando a região dessas aves, e, somente nessa ocasião e em mais duas outras, conseguimos nos deliciar com elas.

Naquela noite, testemunhamos o fenômeno de um arco-íris lunar, e muitas foram as conjecturas sobre se isso pressagiava bom ou mau tempo. A chuva é a única coisa – acima de todas as outras – capaz de tornar a vida ao ar livre desagradável, e o medo dela estava constantemente presente em nossas mentes. Quase todas as noites, especulações meteorológicas eram o principal tema das conversas no acampamento. Desenvolvemos um bom conhecimento sobre o clima e, logo, a questão atingiu o espírito de grupo, dividindo nosso acampamento em duas seções – os otimistas e os pessimistas. Pouco antes de dormir, o céu nos ludibriava e, ansiosamente, discutíamos as várias possibilidades de clima, muitas vezes acaloradamente. Era divertido ver como os otimistas usavam a favor de suas previsões de bom tempo os mesmos argumentos em que os pessimistas baseavam sua confiante previsão de chuva: as nuvens, a temperatura. Nas ocasiões em que essas discussões eram conduzidas com mais seriedade do que o normal, se a chuva começasse a cair repentinamente no meio da noite, muitas vezes se ouvia conversas assim:

– Pessimista (num tom de triunfo, claramente satisfeito por estar chovendo, deixando o oponente atordoado): "Bem! Quem estava certo sobre a chuva? Eu disse que certamente choveria!"

– Otimista (alegremente, insinuando acreditar que não está chovendo de jeito nenhum): "Não está chovendo. Bem, algumas gotas, talvez, mas isso não é nada; logo passa."

– Pessimista (orando fervorosamente para chover canivetes pelas próximas doze horas): "Você vai achar que é alguma coisa quando estiver encharcado. (Confiantemente): Vai chover até de manhã."

– Otimista (com desprezo): "Chover até de manhã! Bobagem! Por quê? Nunca chove por muito tempo com a lua cheia" (ou nenhuma lua, conforme o caso).

– Pessimista (zombando): “É exatamente quando chove. Você não sabia disso?”

– Otimista (pertinaz): “Mas foi você mesmo quem disse, ontem, que poderíamos ter certeza de que não choveria por muito tempo com uma lua cheia, então!”

– Pessimista (convenientemente esquecido): “Tenho certeza de que nunca disse nada parecido.”

– Otimista solta uma exclamação sonolenta, um desrespeitoso comentário contra as pessoas em geral que não sabem do que estão falando.

– Pessimista responde com um murmúrio sonolento semelhante, seguido de silêncio, ou silêncio interrompido por roncos.

Naquela noite em particular, o halo lunar, naturalmente, foi um ponto forte na discussão, e ambos os lados foram criativos em seus raciocínios para provar que sua presença era uma indicação infalível de chuva ou não. Desta vez, os otimistas obtiveram uma vitória significativa, já que a noite permaneceu clara.

Passamos o dia seguinte caçando aves aquáticas perto de um grande lago que ficava a cerca de três quilômetros do acampamento. Acertei vários exemplares adoráveis de aves aquáticas, diferentes de tudo o que eu já tinha visto antes e carreguei meu cavalo com uma grande quantidade de gansos, patos e batuíras. Cavalgando tranquilamente de volta, após o dia de caça, assustei um avestruz grande que levantou voo a apenas alguns metros de distância. Como eu desejava ter um dos galgos comigo, gritei alto para François, que pude avistar no acampamento sem fazer nada, mas ele não conseguiu ou não quis ouvir. Galopando em direção a ele, expliquei, rapidamente, em qual direção o avestruz tinha desaparecido, e, montando em seu cavalo, ele partiu em perseguição.

Uma hora depois, retornou de mãos vazias. Ele havia encontrado o avestruz e iniciado a perseguição, mas a ave, ao adentrar a mata de faias, desapareceu, seguida de perto pelos cães. Após uma longa e infrutífera busca por ambos, ele foi obrigado a retornar ao acampamento sem os cachorros. Sem dúvida, como ele observou, os cães conseguiram matar sua presa e, naquele momento, estavam se fartando com uma grande refeição. Suas palavras foram confirmadas quando, mais tarde, os animais retornaram, com uma aparência inegável de haverem desfrutado de um grande banquete. Gregório estivera ausente o dia todo em busca de guanacos, mas como estava a pé e sem cachorros, não conseguiu capturar um ou dois que tinha ferido. Portanto, no geral, não tivemos sucesso em nossas tentativas de caçada dessa vez.

CAPITULO XII

Uma jornada monótona – Paisagem desoladora – Racionamento de combustível – As cordilheiras – Características da paisagem da Patagônia – Calor e mosquitos – Um puma novamente – "A chuva nunca se cansa" – Umidade, fome, escuridão – I'aria ao resgate – A ingenuidade de I'aria

Após mais um dia no acampamento, retomamos a viagem. Levávamos uma boa quantidade de combustível conosco, pois estávamos entrando em uma região árida e sem madeira, em cuja travessia teríamos que depender exclusivamente das provisões, que havíamos feito.

Deixando a floresta de faias para trás, cavalgamos para uma planície, à margem da qual avistamos o que parecia ser uma pequena nuvem negra. Na realidade, era um pico, ou melhor, um grupo de picos das Cordilheiras, onde acamparíamos no dia seguinte e na direção em que conduziríamos nossos cavalos pelos próximos dias.

A longa jornada deste dia foi muito mais monótona e desoladora do que as anteriores.

O imenso planalto, sobre o qual cavalgamos por seis ou sete horas, era notável por sua melancolia e aridez, mesmo em uma região onde tudo é estéril e sombrio. Não havia sol, e o céu, baixo e escuro, formava um par adequado com a planície, cinza, melancólica e silenciosa, que se estendia em direção ao horizonte indistinto.

Não podíamos deixar de ser afetados pela aparência da paisagem ao nosso redor, e não me recordo de jamais ter sentido algo igual à depressão de espírito da qual eu, assim como todos do nosso grupo, fui vítima, e à qual até mesmo os guias sucumbiram.

Desta vez, eles conduziram a tropa sem animar seu trabalho com os costumeiros chamados alegres de "Iegua! Iegua! Mula! Mula!" etc., e até mesmo os sinos das Madrinas[1] pareciam ter um som abafado e solene, muito diferente de seu alegre tilintar habitual.

A morte do puma

Um único incidente ocorreu durante a marcha daquele dia. Um pequeno guanaco, que de alguma forma havia perdido sua mãe, ao nos ver chegando, em vez de fugir, aproximou-se trotando confiante. Infelizmente, nossos cães sedentos de sangue avançaram e o derrubaram antes que pudéssemos impedi-los. No entanto, o pobre animal se levantou novamente e a princípio não parecia muito ferido. Era a criatura mais doce que se possa imaginar, com uma pelagem macia e sedosa e olhos brilhantes e gentis. Ela encostou o nariz no meu rosto de forma afetuosa, sem o menor sinal de medo. Decidi levá-la comigo, na esperança de que, à medida que crescesse, aprendesse a acompanhar nossa tropa, especialmente porque a égua que havia perdido sua potrinha em Laguna Blanca teria sido uma excelente mãe adotiva para ela. Mal acabara de ter essa ideia quando o pequeno guanaco começou a cambalear e ficou evidente que ele havia sido mordido pelos cães sem que tivéssemos percebido. Ao examiná-lo, confirmamos que era o caso; de fato, em poucos minutos, seus olhos ficaram opacos e, para minha tristeza, ele morreu em pouco tempo, aparentemente sem sofrimento. Eu daria qualquer coisa para que ele pudesse ter sobrevivido, pois tenho certeza de que teria se apegado a mim e, então, o levaria para a Inglaterra conosco. Guanacos domesticados são frequentemente mantidos em Sandy Point, e seu comportamento gentil e disposição amigável os torna animais de estimação encantadores.

Estávamos exaustos de nossa enfadonha cavalgada quando finalmente chegamos a um desfiladeiro onde havia algumas poças d'água, e ali acampamos aquela noite. Como estávamos racionando o combustível, apagamos o fogo logo após o jantar e fomos para a cama, o único lugar quente àquela hora.

No outro dia, seguimos em frente, com o conjunto de picos se tornando mais nítido, porém terrivelmente distante, e nenhuma madeira disponível até chegarmos lá. As planícies, como de costume, estavam repletas de guanacos, mas como não tínhamos tempo para sair com nossas espingardas, tivemos que nos contentar com carne de avestruz. Havia uma abundância dessas aves e tivemos muitas perseguições emocionantes. As aves silvestres também eram numerosas, mas depois de comer praticamente todas as espécies imagináveis – gansos, patos, marrecos, narcejas, patos da Barbária – estávamos bastante cansados delas.

Após mais uma longa cavalgada, acampamos em um desfiladeiro aberto e desprotegido. Com nosso estoque de combustível ficando perigosamente baixo, seguimos apressadamente em direção ao conjunto de picos tentadores, que, no final de um longo dia de marcha, pareciam mal se aproximar. Agora, eles estavam começando a desaparecer, à medida que descíamos para uma imensa bacia, que se estendia entre nós e os picos, e cuja extremidade distante era limitada por uma sucessão de planaltos, que pareciam se elevar abruptamente uns sobre os outros. Quando finalmente chegamos perto deles, porém, constatamos que a subida era gradual e quase imperceptível. Acampamos por uma noite em uma região extremamente arenosa e desagradável, onde nossa comida, roupas e peles ficaram impregnadas de areia e poeira, e queimamos nosso último pedaço de madeira.

Então, seguimos viagem, sabendo que, infelizmente, naquela noite talvez tivéssemos que acampar sem fogueira para nos aquecer e cozinhar nossa comida. A bacia que estávamos atravessando parecia interminável. Mais tarde, acamparíamos ao pé do desfiladeiro, que limitava sua extremidade distante, e dali seria apenas um dia de cavalgada até as montanhas. Agora, as montanhas estavam fora de nosso campo de visão novamente, mas nos animávamos com a reconfortante consciência de que cada passo nos aproximava delas.

Conforme escurecia, após um cansativo dia de cavalgada, chegamos a um agitado ribeirão, que corria ao longo da base de um desfiladeiro, e que saudamos como o primeiro sinal de que estávamos finalmente nos aproximando das Cordilheiras. Atravessando a vau, montamos nosso acampamento na extensa grama verde, sob a proteção do desfiladeiro. Mas antes de desmontar, ansiosos para ver o quão perto havíamos chegado do conjunto de picos, que há tanto tempo estava diante de nossos olhos, subimos o desfiladeiro, na esperança de obter uma boa vista do território a oeste.

Nossas expectativas não foram decepcionadas. Lá, aparentemente a menos de um quilômetro e meio de distância, erguia-se, compacta e escura, não o aglomerado de picos desordenados que havíamos visto dois dias atrás, mas uma poderosa cadeia de montanhas, que se perdia a oeste na penumbra crescente da noite – erguendo-se como uma barreira misteriosa entre a estranha região que acabáramos de atravessar e outra, possivelmente ainda mais estranha, além. O sol já havia se posto há muito tempo e a base das montanhas estava envolta em escuridão, mas suas cristas recortadas e de formas fantásticas se destacavam claramente contra a luz que ainda brilhava no céu. Aqui e ali um pico coberto de neve, mais alto do que seus companheiros, ainda mantinha um leve brilho rosado, que contrastava estranhamente com a escuridão cinzenta de tudo abaixo.

Por muito tempo, depois que a escuridão completa tomou conta de tudo, eu permaneci sozinha, entregue à influência das emoções afloradas com essa cena, e tentando, embora em vão, analisar o sentimento que a majestosa solidão das paisagens da Patagônia sempre despertavam em minha mente – um sentimento que só posso comparar, pois seria impossível capturar qualquer característica definida das muitas sensações vagas que o compõem – aos provocados por uma das grandiosas, severas, porém misteriosamente suaves, sonatas de Beethoven.

Fui acordada de meu devaneio por Francisco, que vagava tentando recolher alguns gravetos secos para a fogueira. Felizmente, ele conseguiu coletar o suficiente para nos permitir preparar um jantar razoável; e após termos comido, como de costume quando estávamos sem fogo, procuramos nossos leitos o mais rapidamente possível.

A manhã despontou com todos os sinais de mau tempo. O ar estava pesado e abafado, um vento quente e seco soprava sobre as planícies, levantando nuvens de fina poeira, e a cadeia de montanhas estava meio oculta por grandes massas de nuvens de aspecto ameaçador. Selamos os cavalos e arrumamos as bagagens o mais rapidamente possível, esperando fervorosamente que a chuva, que cedo ou tarde cairia, tivesse a gentileza de esperar até chegarmos ao nosso destino.

Conforme seguíamos viagem, a sensação de abafamento tornava-se cada vez mais opressiva, e éramos importunados por inúmeras nuvens de pequenos mosquitos, que entravam em nossos olhos e bocas, zumbiam ao nosso redor de maneira persistentemente enervante e, de forma alguma, aliviavam o estado de irritação causado pela combinação de poeira e calor. Até que uma pequena distração ocorreu ao avistarmos um animal cujos direitos à nossa polida e imediata atenção não podiam ser negados. Tratava-se de um enorme puma, que saltou abruptamente do meio de nossa tropa, fazendo com que as mulas e cavalos se espalhassem por todos os lados. Fiel à sua natureza covarde, o animal se afastou rapidamente e desapareceu em uma ravina.

Saímos em sua busca na velocidade do pensamento, porém por mais rápido que galopássemos, não encontramos nem vestígio dele. A uma curta distância de onde estávamos, procurando ansiosamente pelo animal desaparecido, percebi um pequeno arbusto crescendo, o único nas redondezas, e apontei para lá como o provável lugar onde a fera poderia ter procurado um esconderijo. Sem perder tempo, galopamos até o local, quando o relincho aterrorizado de nossos cavalos nos assegurou de que minha suposição estava correta e nos deixou em alerta.

Batemos os olhos no puma enquanto ele se agachava, com os olhos brilhantes de raiva e uma expressão que, ao descobrir que nenhum de nós carregava um rifle, estava longe de ser tranquilizadora, especialmente porque sabíamos pelos nossos guias que, por algum motivo, esses pumas da Cordilheira são mais ferozes do que seus parentes das planícies e, muitas vezes, atacam seus caçadores – uma audácia que os pumas das planícies nunca foram conhecidos por ter.

Felizmente, nesse momento, meu marido chegou com uma arma, embora estivesse carregada com apenas uma bala. Desmontando rapidamente, ele se aproximou a cerca de oito ou nove metros do animal, que rosnava. "Bang! Bang!", soou a arma e, através da nuvem de fumaça, assistimos o puma saltar no ar e cair para trás no arbusto. Por um momento ou dois, ele rolou na agonia da morte, e, então, com um último rosnado, esticou-se lentamente até paralisar. Gregório chegou neste momento e começou imediatamente a trabalhar, removendo a pele do bicho. Os guias afirmaram que aquele era o maior puma que já tinham visto. A pele, que enfeita o chão da sala onde escrevo agora, mede exatamente dois metros e setenta centímetros, da extremidade da cauda até a ponta do nariz.

A seguir, apressamo-nos novamente, aflitos examinando o tempo, que ficava cada vez mais assustador. A sensação de abafamento havia aumentado a ponto de ser quase insuportável, e os enxames de mosquitos haviam se tornado numerosos. Pouco depois, uma aterrorizante tempestade de trovões estourou sobre nossas cabeças, e, por um curto período, a chuva caiu torrencialmente. Então, uma mudança no vento alterou a temperatura de novo. Ficou muito frio, e a chuva intensa se transformou em uma garoa com névoa espessa, que logo nos encharcou até os ossos. Por horas, cavalgamos nessa situação desconfortável – molhados, com frio e cansados – e nem um pouco entusiasmados com o aspecto daquele território, do qual pudemos ver muito pouco – quase tudo estava escondido sob a neblina – parecendo mais sombrio e triste do que nunca.

Estávamos esperançosos de que, pelo menos antes do anoitecer, o tempo melhorasse, pois a perspectiva de montar acampamento sob a garoa fina não era nem um pouco animadora. Contudo, à medida que escurecia, a névoa ficava ainda mais espessa e mal conseguíamos enxergar cinquenta passos adiante do nariz de nossos cavalos. Como Gregório conseguiu encontrar o caminho, eu não sei! Finalmente, sendo, pelo que eu podia julgar, o entardecer, descemos um trecho muito íngreme e chegamos a uma ravina aparentemente comum, onde a grama e a vegetação rasteira pareciam abundantes. Paramos em um semicírculo de arbustos altos e começamos, desconsolados, a montar as barracas. Concluída essa tarefa nada fácil, reunimos as provisões e cartuchos, abrigando-os na menor barraca. Nossos tapetes, peles e cobertores estavam completamente encharcados, então os levamos para a outra barraca e começamos a torcê-los e estendê-los para secar.

Feito isso, voltamos nossa atenção para acender uma fogueira, mas todos disseram que a tentativa seria impossível, e de fato parecia ser, pois não havia um só graveto ou lâmina de grama secos que pudessem ser encontrados. Voltamos para nossas barracas úmidas e nos preparamos para jantar da forma mais criativa possível, com sardinhas e biscoitos secos.

Embora possamos escolher resignar-nos passivamente ao desconforto, o velho I'Aria, por sua vez, não estava inclinado a fazer o mesmo. Enquanto a discussão sobre a possibilidade de acender uma fogueira prosseguia, depois de ouvir por um ou dois minutos os argumentos que eram apresentados para provar, conclusivamente, que nada poderia ser feito a respeito, ele silenciosamente se retirou e ocupou-se em montar sua própria barraca, um tanto deteriorada, aliás, pois sempre que precisava remendar um rasgo em suas roupas peculiares, supria sua necessidade cortando um pedaço da lona de sua "casa", como ele a chamava – um método engenhoso de despir um santo para cobrir outro.

Enquanto isso, havíamos nos recolhido às nossas barracas e começávamos a arrumar nossas peles e nos prepararmos para dormir, quando ouvi uma conversa entre l'Aria, meu marido e o Sr. B., este último um bebedor inveterado de mate e que, devo dizer, tinha sido o único que havia expressado esperança em relação à possibilidade de se fazer uma fogueira. Olhando para fora da barraca, vi os três agachados debaixo de um arbusto, encharcados, mas empenhados em elaborados preparativos para vencer a umidade e conseguir fazer a madeira molhada queimar.

Ao perceber que ignoravam meu amigável conselho para pouparem-se do esforço que só poderia ser chamado de inútil, voltei para dentro da barraca. Meia hora depois, ainda conseguia ouvi-los lutando, bravamente, contra o inevitável, mas logo em seguida o Sr. B. passou pela minha barraca com uma chaleira na mão. "A fogueira está queimando, não está?" perguntei ironicamente. "Não, mas vai queimar muito em breve", ele respondeu. "Enquanto isso, vou encher a chaleira; você gostaria de chá ou café?" Respondi algo sarcástico e suspirei.

Certamente daria qualquer coisa por uma xícara de chá quente. A expressão esperançosa no rosto do Sr. B. chamou minha atenção, então me cobri com uma capa e fui até I'Aria para ver se realmente havia alguma esperança de que ele obtivesse sucesso. Descobri que ele havia cravado quatro pequenas estacas no chão, sobre as quais um pano estava estendido formando um abrigo, onde ele havia construído uma elaborada estrutura com palitos de fósforo, cruzados uns sobre os outros, de forma a ficarem acessíveis quando necessário. Sobre eles um pequeno monte de galhos finos, o mais secos que puderam achar, além de alguns gravetos grossos e, por fim, vários troncos, que ele me informou, estariam ardendo em breve. Com tudo pronto, ele acendeu os fósforos e, assim que começaram a queimar, acrescentou os galhos, que, por sua vez, depois de uma titubeada, pegaram fogo e, em seguida – este era o momento crítico – os gravetos foram colocados. Por um momento, meus piores temores pareciam prestes a se concretizar, com os gravetos apenas soltando fumaça, os fósforos já queimados há algum tempo, e os galhos agora começando a brilhar de forma duvidosa. Mas o velho I'Aria não desistiu sem lutar. De joelhos, assoprava tentando, delicadamente, avivar a chama enfraquecida. Às vezes, enquanto observávamos na expectativa, parecia ganhar força, em outras, reduzia-se a uma única faísca. Mas a paciência finalmente venceu; o brilho se espalhou, os gravetos começaram a queimar, e em pouco tempo havia uma crepitante fogueira, atraindo todos para fora de suas barracas, especialmente, porque, nesse meio tempo, a chuva havia cessado, embora uma densa névoa ainda pairasse, tornando a escuridão da noite ainda mais intensa. Chaleiras foram colocadas para ferver; mate, chá, café foram saboreados, e Francisco preparou uma excelente fritada de avestruz *a la minute*[2], sobre a qual invocamos bênçãos para I'Aria – sendo sua perseverança a responsável por esses confortos. Terminado o jantar, tateamos nosso caminho de volta para as barracas e, envoltos em uma densa névoa úmida, fomos dormir, nada felizes com a acolhida pouco hospitaleira com que as Cordilheiras nos receberam.

CAPÍTULO XIII

Uma surpresa – Uma cena peculiar – Frutinhas de califate – Perseguição ao guanaco – Um dilema – Mosquitos – Boa pontaria – Mosquitos

Na manhã seguinte, fui prazerosamente despertada por um brilhante raio de sol, que invadiu minha barraca através de uma abertura na lona e me deixou com pouca vontade de continuar a dormir. Sem perder tempo, levantei-me e saí, ansiosa para ver o cenário, onde havíamos entrado sob o véu de neblina do dia anterior.

Por um momento, fiquei absolutamente perplexa com o contraste da cena que estava diante de mim e a impressão sombria, que as condições climáticas desfavoráveis haviam dado à região em nossa chegada. Descobri que estávamos acampados em um amplo vale, que parecia iluminado e sorridente sob o límpido céu azul e o sol quente. Uma brisa suave varria a longa grama verde, pontuada aqui e ali por aglomerados de arbustos califate[1], e uma variedade de cores animava o tapete verdejante com trechos ocasionais de flores brancas e amarelas.

Uma extremidade do vale era limitada por algumas colinas altas, cobertas por manchas escuras de árvores de faia, e, além delas, um cume sobre outro, cadeias de montanhas sobrepostas, a neve e os glaciares cobriam a Cordilheira dos Andes, que se erguia majestosamente em direção ao céu. O ar estava maravilhosamente límpido. Olhando para o oeste por um longo tempo, pude distinguir gradualmente, entre a bruma ao longe, sobre as montanhas que primeiro cruzaram meu olhar, montanhas brancas nevadas, de tal altura, que pareciam flutuar no ar, e somente depois que minha visão se tornara nítida, pela concentração prolongada, pude traçar seus contornos em direção à base.

A vista da extremidade próxima do vale, porém, foi o que mais chamou minha atenção. Por trás das colinas verdes, que o limitavam, erguia-se uma alta cadeia de montanhas, cujos picos recortados eram fantasticamente divididos, esculpidos e desgastados – pela ação do ar e da umidade – em formas que lembravam delicados pináculos góticos, outras imitavam com surpreendente precisão as linhas mais audaciosas de ameias e imponentes torres. A superfície da rocha que os compunha era pórfiro vermelho e o sol da manhã, brilhando sobre ela, conferia-lhe uma variedade de tons brilhantes, roxo e dourado, que se destacavam fortemente no fundo azul do céu e nas massas brancas de neve que, em partes, se agarravam aos picos. As abruptas encostas dessas alturas elevadas estavam marcadas por profundos sulcos e ravinas e cobertas por rochas soltas, mas em nenhum lugar havia qualquer vestígio de vegetação, fosse arbusto ou grama.

O modo repentino como essa nova paisagem apareceu diante de mim aumentou ainda mais o seu efeito. Ainda ontem estávamos nas planícies, com sua infindável monotonia de cores e contornos; fomos dormir pensando estarmos em um deserto semelhante; e, agora, como por mágica, das entranhas da terra, uma paisagem grandiosa e gloriosa havia surgido ao nosso redor, tão completamente diferente, em sua diversidade de formas e tons, daquela que apenas algumas horas atrás nos deixara desanimados e cansados, como se pode imaginar.

Era divertido ouvir as exclamações de surpresa com as quais meus companheiros saudavam a cena à medida que saíam de suas barracas e contemplavam a agradável metamorfose que havia ocorrido durante nosso sono. Tínhamos reclamado bastante da região no dia anterior e a tínhamos amaldiçoado com muitos palavrões mal-humorados; agora, tudo tinha sido esquecido, e, ao olharmos ao nosso redor, sentimos que nosso esforço não havia sido em vão.

Aproveitamos o bom tempo para espalhar as peles úmidas sobre os arbustos e, graças ao vento e ao sol, elas logo secaram. Depois do café da manhã, meu irmão partiu com seu rifle para explorar os picos, no final do vale, enquanto nós nos esticamos em nossas peles à sombra das árvores. Com a companhia de livros e cachimbos, um pouco de conversa despretensiosa e a contemplação preguiçosa da bela paisagem diante de nós, conseguimos passar as horas quentes do meio-dia prazerosamente.

Quando ficou mais fresco e já estávamos saciados de ócio, encontramos muito o que fazer. Havia armas para limpar. Eu tinha meu diário para atualizar, e, embora não seja habilidosa com agulhas, o tratamento rústico, que minha vestimenta havia sofrido recentemente, tornou imprescindível que eu fizesse algumas tentativas de remendo e costura. Os guias ocuparam-se em reparar as selas, confeccionar rédeas ou laços com pele de guanaco e outros trabalhos similares. Nosso criado inglês Storer, que, de alguma forma, havia criado para si a reputação de especialista no empalhamento de pássaros e no curtimento de peles, estava ocupado com vários exemplares malcheirosos que havia carregado consigo por alguns dias e que, agora, pela primeira vez, obteve tempo de trabalhar nelas.

Sr. B. saiu para fazer um esboço de nosso acampamento e dos pitorescos arredores, e, ao procurar um local adequado, encontrou um arbusto de califate, cujas bagas azuis estavam quase maduras. Ele trouxe um punhado delas em um boné, e embora as tenhamos achado um pouco ácidas, quando amassadas com bastante açúcar tornaram-se um prato muito agradável e refrescante, especialmente bem-vindo depois da nossa monótona dieta recente. Na grama alta perto do riacho, que descia pelo vale, encontramos salsão selvagem, que, adicionado à sopa, era uma melhoria tremenda em relação à Julienne[2] seca que trouxéramos conosco e que já estava quase acabando. Justo quando estávamos começando a ficar preocupados com meu irmão, pois já estava quase anoitecendo, ele voltou de sua excursão às Montanhas de Porfírio. Chegando à base delas muito mais tarde do que esperava, enganado pela distância, ele só teve tempo de subir cerca de metade do caminho, mas, mesmo àquela altura, obteve uma vista esplêndida da região, e seus relatos nos deixaram ansiosos para explorar a área o mais rápido possível. No entanto, como nossos cavalos precisavam descansar, isso teve que ser adiado por mais uns dias.

No dia seguinte, organizamos uma expedição de caça. Tanto nossos guias quanto nós não sabíamos se havia alguma caça na região a que estávamos prestes a adentrar, então era necessário que levássemos um bom suprimento de carne conosco. Fizemos o círculo da maneira usual e fomos bem-sucedidos com os avestruzes, já que, após algumas boas perseguições, conseguimos matar três.

Observando um rebanho de guanacos pastando, em um vale a certa distância, aqueles de nós, cujos cavalos ainda estavam razoavelmente descansados, partiram para tentar capturar um, pois a carne de três avestruzes não seria suficiente para nós e nossos cachorros por mais de dois dias. Os cães estavam todos muito cansados com seus esforços anteriores para nos serem úteis, então, tivemos que contar apenas com nossos rifles. Sendo assim, era necessário perseguir o rebanho com cautela, e assim procedemos, escolhendo cuidadosamente nosso terreno para evitar sermos vistos. Porém, não havíamos ido muito longe quando ouvimos um relincho agudo bem perto, e ao olhar, ao redor, vimos um guanaco parado no topo de uma colina, observando o vale. Ele mal havia soltado seu grito quando foi ecoado a uma pequena distância por outro sentinela atento, e, então, ambos trotaram lentamente para longe, olhando para trás enquanto seguiam adiante e relinchando em intervalos regulares.

Enquanto isso, o rebanho, alertado da aproximação do perigo, trotou tranquilamente até a escarpa do outro lado do vale e, da mesma forma tranquila, desapareceu na planície. Meu marido fez um disparo de vingança contra um dos sentinelas em retirada, mas errou o alvo. Tivemos que lidar com nossa decepção e procurar por um rebanho menos vigilante. Isso nos causou considerável dificuldade, pois os guanacos, nesse dia em particular, pareciam estar mais ariscos do que nunca. Por fim, depois de muitas tentativas frustradas de aproximação, meu marido teve a chance de atirar em um pequeno grupo de quatro ou cinco guanacos que estavam juntos, quase fora do nosso alcance. Um deles caiu, e os outros saíram em disparada. Com um grito de triunfo, galopamos em direção ao ferido, mas para nossa consternação, ao nos aproximarmos, ele se levantou e disparou em alta velocidade na direção de seus companheiros, aparentemente ileso. Esporeando nossos cavalos, seguimos de perto em seu encalço, descendo ravinas íngremes, subindo colinas, atravessando planícies, às vezes, perdendo-o completamente de vista, mas, sempre avistando-o novamente, tão vigoroso quanto antes, até que finalmente começamos a perder as esperanças de alcançá-lo. Um por um, meus companheiros foram desistindo, até que, no final, apenas meu marido, o Sr. B. e eu continuávamos na perseguição. Se o guanaco não tivesse sido claramente atingido, teríamos desistido também; mas parecia uma pena desistir depois de termos ido tão longe. Então, continuamos, esperando cansar nossa presa com pura persistência. Porém, sem surpresa, gradualmente nossos cavalos cansados começaram a mostrar sinais de exaustão; tínhamos quase os esgotado completamente e, pensando na distância que havíamos de percorrer de volta ao acampamento, estávamos prestes a desistir quando o guanaco subitamente parou e se deitou. Agora, certos de que o pegaríamos, avançamos em sua direção. Mas, quando estávamos a cerca de cinco metros e meio dele, ele se levantou e galopou novamente, distanciando-se de nós a cada passada. Hesitantes sobre o que fazer, continuamos em seu encalço, embora o tempo todo desejássemos nunca ter começado a perseguição. Cada vez mais devagar, nossos cavalos ofegantes lutavam para chegar a uma ravina, pelo lado, onde o guanaco havia desaparecido. Chegamos à borda e olhamos para baixo. O guanaco não estava em lugar algum. Ficamos sem saber o que poderia ter acontecido com ele. Ele não havia escalado o outro lado, caso contrário, o teríamos visto emergir na planície, nem poderia ter seguido a ravina, tanto para a direita quanto para a esquerda, já que tínhamos uma visão dela em ambas as direções por uma longa distância. Nesse dilema, ficamos olhando, ao redor, boquiabertos de espanto, quando algo se moveu na grama alta abaixo, e seguindo, naquela direção, encontramos nosso guanaco estendido em uma poça de sangue.

O movimento que havia chamado nossa atenção para ele, evidentemente, fora seu último esforço, pois agora ele estava completamente morto. Ao examiná-lo, descobrimos que a bala havia entrado pela lateral e, ao passar pelos pulmões e órgãos internos, alojara-se perto da coluna vertebral; no entanto, mesmo ferido gravemente, ele havia percorrido cerca de dezesseis quilômetros em um ritmo acelerado.

Posteriormente, tivemos experiências ainda mais extraordinárias com a resistência e tenacidade desses animais. Os gatos – e suas nove vidas[3] – não chegam nem perto quando comparados a eles. Após cortar o guanaco em pedaços e distribuir sua carne nas selas de nossos cavalos, voltamos em direção ao nosso acampamento; e foi uma longa viagem até chegarmos lá. Descobrimos que I'Aria também havia matado um guanaco, portanto, teríamos bastante carne para nos alimentar caso tivéssemos dificuldade em encontrar caça nas Cordilheiras.

Passamos o dia seguinte em total ociosidade. Estava extremamente quente, quase sem um sopro de vento, e, à noite, fomos bastante importunados por mosquitos, sendo a primeira vez que nos deparamos com eles na Patagônia. Durante o dia, vimos um pássaro pairando sobre o acampamento a uma imensa altitude, e nos disseram que era um condor.

Estava tão alto que parecia pouco maior do que um fal cão comum. Tirando vantagem de um momento, em que ficou perfeitamente imóvel, meu marido deu um tiro nele e, por uma sorte incrível, a bala o acertou e a criatura iniciou sua queda, crescendo cada vez mais à medida que caía, até que, finalmente, chegou ao chão com um estrondo alto, a ave mais gigantesca que eu já havia visto. Observamos que ele tinha três metros e meio de envergadura. A característica mais peculiar do condor é o colarinho de penas brancas que circunda o pescoço, de cinco a sete centímetros abaixo da cabeça, que, por sua vez, é completamente desprovida de penas e repulsivamente feia. Na fêmea, a cor desse colarinho é preta.

À noite, os mosquitos se tornaram um total incômodo. Tentei todos os tipos de estratagemas para me proteger deles – como amarrar meu lenço no rosto ou me enterrar sob minhas peles – mas entre sufocar e ser picada, preferi o último mal. Da mesma forma, o plano, que adotamos de acender um pouco de fogo na grama úmida da barraca para que a fumaça afastasse nossos incômodos inimigos, acabou sendo abandonado em favor da resistência passiva ao inevitável. Eu realmente invejava o velho I'Aria.

Durante a noite, enquanto de todos os lados se ouviam exclamações e palavrões em graus variados de irritação e de força, o ronco plácido que vinha de sua barraca mostrava que, graças à sua pele enrugada, ele era capaz de suportar a picada do mosquito ultrajante com serena indiferença.

CAPITULO XIV

Um território desconhecido – Atravessando a barreira – As Agulhas de Cleópatra – Raposas – Uma boa corrida – Nosso santuário florestal – Dificuldades – Um banho – Menu variado

Acordamos cedo na manhã seguinte, uma vez que provavelmente uma longa jornada nos esperava, pois o território que estávamos prestes a explorar era tão desconhecido para nós quanto para nossos guias; e ninguém sabia quando e onde encontraríamos um lugar adequado para acampar naquela noite. Todos ajudaram a reunir e selar os cavalos; o longo descanso e a grama farta do vale tinha feito bem aos animais, que estavam em ótimas condições, o que era uma sorte, pois poderíamos enfrentar algumas subidas árduas, e as terras de pastagem poderiam ser escassas entre as montanhas.

No dia anterior, os guias fizeram uma expedição de reconhecimento, com o objetivo de encontrar a rota mais viável, em direção ao interior, e descobriram uma ravina que parecia dar voltas na direção das montanhas e, ao mesmo tempo, oferecia um caminho fácil para nossos cavalos. Decidimos, então, torná-lo a nossa estrada. Assim, estando todos prontos, despedimo-nos das planícies e, atravessando o riacho, que descia pelo vale, adentramos à sinuosa ravina, cheios de curiosidade em relação ao tipo de paisagem que estávamos prestes a encontrar.

A própria ravina era uma preparação adequada para algo estranho e grandioso. Suas encostas íngremes se erguiam dos dois lados a uma altura imensa; e como a luz do sol era parcialmente bloqueada, pairava ali uma atmosfera de mistério, combinada com um silêncio intenso, quase doloroso, que tornava a cena inexprimivelmente estranha e impressionante. Seu efeito era intensificado pela consciência de que, desde que essas gigantes isoladas foram moldadas pela natureza, nenhum olho humano as tinha contemplado e nenhuma voz humana havia ecoado por ali, até que agora, despertando pela primeira vez, os ecos repetiam em coro sonoro os gritos profanos de “Iegua! Iegua!”, com os quais nossos guias impulsionavam os cavalos.

A entrada da ravina para as cordilheiras

Nos apressamos, ansiosos para alcançar a saída da ravina e contemplar a terra prometida, o mais rápido possível, mas muitas horas se passaram antes de, finalmente, chegarmos à sua extremidade oposta e emergirmos de sua relativa escuridão para a luz do sol.

Um olhar de relance mostrava que estávamos em um novo território. Diante de nós se estendia uma planície pitoresca, coberta por uma relva verde macia e pontilhada aqui e ali por moitas de faias, cruzada em todas as direções por riachos ondulantes. O fundo da paisagem era formado por colinas densamente arborizadas, atrás das quais se erguiam as Cordilheiras, três picos altos de cor avermelhada, cópias exatas das Agulhas de Cleópatra[1], sendo uma característica proeminente no cenário. Os arbustos de califate aqui eram de um tamanho que não havíamos visto nas planícies e estavam cobertos de bagas maduras, nas quais uma multidão de pequenos pássaros avidamente se banqueteava. O próprio ar parecia mais suave e agradável do que aquele com o qual estávamos acostumados, e, em vez dos ventos ásperos, que havíamos enfrentado até então, uma brisa suave soprava, com força suficiente para amenizar agradavelmente o calor do sol. Guanacos pastavam à sombra de frondosas faias e, pela maneira indolente como se afastavam quando nos aproximávamos, era fácil perceber que eles nunca haviam experimentado a perseguição de uma dúzia de cães ferozes e cavaleiros berrando em seus calcanhares.

Sem demora, todos descemos de nossos cavalos ao redor de um enorme arbusto de califate, e lá nos fartamos das suculentas e doces frutinhas, levando uma reserva para ser consumida após o jantar, amassadas com açúcar, de sobremesa. Em seguida, cavalgamos alegremente em direção às colinas, passando por muitos recantos agradáveis e desfrutando de encantadoras visões da paisagem, duplamente encantadoras após a feiura das planícies.

Numerosos pequenos lagos, cobertos de aves selvagens de aparência estranha e nova, frequentemente, surgiam em nosso caminho, e, às suas margens, descansavam centenas de adoráveis cisnes brancos, cuja espécie já mencionei anteriormente. Ao contrário de seus companheiros das planícies, eles pareciam perfeitamente dóceis, apenas se afastando para

As Agulhas de Cleópatra

a água quando nos aproximávamos, e nunca tentando voar para longe. Fiquei muito impressionada com os milhares de patos e gansos que cobriam esses lagos.

Atravessando um largo riacho de montanha, que descia das colinas à nossa esquerda, e desaparecia em um imenso desfiladeiro, que se estendia para a nossa direita, continuamos nossa cavalgada ao longo da planície gramada, que nos levava diretamente em direção aos três enormes picos de Cleópatra, emergindo das geleiras de neve bem à nossa frente. As encostas densamente arborizadas que podíamos avistar ao longe nos enchiam de ansiedade para alcançá-las, pois já fazia muitos dias desde que havíamos visto qualquer tipo de árvore. Nas vastas florestas, que se estendiam diante de nós, prometemo-nos um abundante estoque de lenha e muitas fogueiras crepitantes ao redor do acampamento. No caminho, ocasionalmente perseguíamos as raposas que surgiam ao nos aproximarmos. Há muitos desses animais na Patagônia, e é preciso ter cuidado para colocar todos os artigos de couro em algum lugar seguro, durante a noite, caso contrário, pela manhã, é provável encontrá-los roídos em pedaços por esses astutos invasores. Sua pelagem é muito macia e de cor cinza prateado. Resolvi fazer uma coleção de suas peles e levá-las de volta à Inglaterra para serem transformadas em tapetes e outros artigos úteis. É muito raro um cão conseguir pegar uma dessas raposas sozinho: nosso melhor caçador de avestruzes, "La Plata", após uma perseguição emocionante de meia hora, viu-se superado e cansado. Esses animais conseguem se contorcer, virar e dobrar tão velozmente que está além do poder de um único cão igualar-se a eles.

Enquanto trotávamos lentamente, meu cavalo, com um resfolego de terror, repentina e violentamente, desviou-se para o lado. Bem próximo a ele, ergueu-se uma magnífica avestruz, que, após um olhar de espanto para o nosso grupo, virou-se e fugiu na direção por onde acabáramos de passar.

Com um grito animado, François partiu atrás dela, seguido por meu irmão e por mim. Loca e Leona, que avistaram a avestruz num instante, não perderam tempo em esticar cada membro para alcançar a ave que fugia rapidamente, deslizando a uma velocidade tremenda pelo terreno acidentado e irregular. Nosso progresso a cavalo também não era tare-

Acampamento nas cordilheiras

fa fácil, já que o caminho tomado pela avestruz apresentava muitos obstáculos, como arbustos espessos e altos, rochas afiadas e meio escondidas, abismos amplos e profundos. Esses últimos obstáculos só podiam ser atravessados em determinados pontos, pois suas laterais eram irregulares e frágeis; e "ai" do cavalo que caísse em um desses buracos profundos e nada convidativos. Mas quando o sangue está fervendo e a excitação da caçada está no auge, que desportista experiente se importa em observar ou se perguntar sobre o perigo, que está do outro lado do obstáculo, que o confronta? Seu único pensamento é avançar e manter-se na linha de frente da animada caçada, que segue alegremente. E, assim, fomos em frente, o mais rápido que pudemos, instigando nossos cavalos a dar o seu máximo. Entrando completamente na emoção do momento, os corajosos animaizinhos responderam prontamente ao nosso chamado, e, apesar do terreno acidentado e difícil, conseguimos manter os cães e o avestruz à vista.

"Eles o pegarão em breve", grita meu irmão para mim, enquanto uma nuvem de penas flutua no ar tranquilo, arrancadas da cauda da ave por Leona, que balança a cabeça para se livrar das penas ao redor de sua boca e obstruindo sua língua e sua garganta. A ave começou a dobrar, mas seu páreo eram duas pequenas damas ao seu lado, e ela logo sucumbe como presa fácil para ambas.

Esse pequeno evento deu um agradável e diferente final para um dia longo e cansativo. Triunfantes pelo sucesso em nossa caçada, trotamos em direção ao local escolhido por nossos companheiros para acamparmos.

Em nossa chegada, encontramos preparativos sendo feitos pelo departamento culinário, todos muito ocupados. Três enormes fogueiras ardiam efusivamente, em frente à minha barraca, e um pouco mais distante uma sucessão de fogueiras menores indicava o local onde os cozinheiros estavam ocupados preparando o jantar. Sobre uma delas, meu marido supervisionava, cuidadosamente, uma panela de sopa; em outra, Storer observava e virava as costelas de um guanaco assando, enquanto em uma terceira, Gregório se ocupava em fritar um suculento bife de avestruz e assar três ou quatro de suas asas como uma deliciosa iguaria, que viria após o assado.

Nem Guillaume nem I'Aria estavam ociosos, como evidenciava a grande quantidade de lenha empilhada perto de cada fogueira, testemunho de sua atividade e disposição. Depois de tirarmos as selas dos nossos cavalos e de soltá-los, para se juntarem aos seus companheiros ali perto, nos refrescamos com o mate e, em seguida, nos juntamos ao trabalho geral e á organização do acampamento.

Misteriosamente, prometendo-nos algo extraordinariamente bom, na forma de um novo prato, François retirou-se para sua barraca, arrastando atrás de si o avestruz que havíamos acabado de matar. Ele nos assegurou que o resultado de seus esforços nos proporcionaria uma surpresa agradável e uma saborosa mudança na monotonia de nossa dieta diária. Embora curiosos sobre como seria o resultado, achamos melhor deixá-lo sozinho, lembrando o provérbio "cozinheiros demais estragam a comida". Coletando as fileiras de arreios e artigos de equitação, procedi a arranjá-los de forma organizada, juntamente com os numerosos sacos e bagagens, em um canto da barraca de Storer. Em seguida, reunindo um rolo de peles de guanaco, dediquei-me a preparar nossas camas. Nos pampas, sempre foi um pouco difícil encontrar um terreno suficientemente liso para estender as camas, devido à natureza áspera e desigual das planícies. No entanto, desta vez, não tive motivo para reclamar, pois sob as altas e frondosas árvores de faia, o gramado macio, aveludado e musgoso proporcionava o leito mais suave e luxuoso do mundo. Nossas camas eram bastante simples, como o leitor, sem dúvida, imagina. O chão supria a falta de uma cama ou colchão, um único cobertor ocupava o lugar de um lençol, e nossas capas de guanaco serviam de cobertas, sendo notáveis por esquentarem bastante. Com nossas selas como travesseiros, um toque completo e final era dado a todo o arranjo, e, nessas camas duras, cansados com os esforços do dia, dormiríamos profunda e confortavelmente, como se deitássemos sobre os colchões de molas mais luxuosos imagináveis.

Com as camas arrumadas a meu contento, fui dar uma volta pelo acampamento para verificar se tudo estava em ordem, e, ao constatar que estava, com um suspiro de alívio, senti que meu trabalho do dia estava encerrado. Chegara a hora de descansar.

Encarar as dificuldades pode ser muito bom na teoria, mas não é tão fácil na prática. Após uma longa e cansativa cavalgada, quando você passou doze ou treze horas em uma sela, sob um sol escaldante, não é tarefa fácil, ao chegar ao destino, ter que descarregar os cavalos, montar as barracas, preparar o jantar, limpar as selas e bridões, desempacotar a bagagem, colocar tudo em ordem e arrumar, o que ocupa um tempo longo e cansativo. Na Inglaterra, ao retornar todos os dias da caça, você chega em casa cansado e fatigado, sem dúvida, mas é recebido em um aconchegante refúgio, onde um quarto quente, uma lareira crepitante, uma poltrona confortável o aguardam, com diversos serviçais para atender às suas necessidades, um banho quente revigorante e o luxo de roupas limpas para trocar. Porém, nada disso está disponível nos pampas, e antes de poder descansar, é preciso realizar todo o trabalho, que mencionei; todos, não importa quem seja, assumindo sua parcela de trabalho, enquanto o pensamento de fadiga deve ser banido, e cada um deve colocar a mão na massa, realizando sua tarefa com alegria e boa vontade. Somente assim as coisas podem seguir em frente de maneira ágil e organizada, como devem.

Nosso acampamento havia sido montado próximo à margem de um adorável riacho de montanha, que descia das densas florestas, as quais se elevavam a uma grande altitude atrás de nós. O som de suas águas murmurantes despertara em mim o desejo irresistível por um mergulho. Assim, munida de uma toalha áspera, segui o curso do sinuoso riacho acima e, através da densa folhagem das árvores de faia, pude avistar seu fluxo prateado, descendo como uma faixa branca de uma altura imensa.

Então, cheguei a um local, onde, alimentada por uma pequena cascata, uma piscina de água clara e fresca parecia muito conveniente e convidativa para um banho. Não perdi tempo em me despir e me deleitar com o luxo de um mergulho, que me revigorou e refrescou, após o longo e cansativo dia que eu havia passado.

Ao retornar ao acampamento, descobri que o jantar estava pronto. Nove seres humanos famintos e nove cães ainda mais famintos exigem uma refeição substancial. Nosso cardápio naquela noite não era modesto nem pequeno. Como pode interessar aos meus leitores, eu o apresento a seguir:

Sopa – Cabeça de guanaco, fatias de avestruz e arroz – Costelas de guanaco assadas.

Picanha de avestruz frito (parte traseira do avestruz, semelhante a um bife de alcatra muito rico).

Ganso e patos assados.

Asas de avestruz.

Fígado e gordura de avestruz (consistindo em pedaços quadrados de fígado e gordura de avestruz tostados em um espeto).

Chouriço de sangue.

Sobremesa – califates, café, mate, chá, biscoitos.

O chouriço de sangue revelou-se o prato sobre o qual François havia feito tanto sigilo e mistério.

Por certo, estava extremamente delicioso e elogiamos seus méritos em alto e bom som. O fígado e a gordura de avestruz, também um prato novo, foram muito bem recebidos, e, naquela noite, brindamos à saúde de François com um copo de uísque e uma rodada de água. Após o jantar, reabastecemos as inúmeras fogueiras, que queimavam em semicírculo em frente ao nosso acampamento; então, exaustos, buscamos nossos leitos e, abrigados pelas árvores sussurrantes, com o brilho do luar sobre nós, dormimos um sono tão profundo e satisfeito quanto as fadigas que tínhamos enfrentado nos permitiam.

CAPÍTULO XV

Excursão às montanhas – Mistérios das cordilheiras – Pistas do cavalo selvagem – Cervo – Homem, o destruidor

Os primeiros dias de nossa estada nas montanhas foram gastos em fazer pequenas excursões pelas diferentes gargantas que se estendiam para o interior por quilômetros e quilômetros – tão longe quanto os olhos podiam alcançar. Estávamos cheios de curiosidade para penetrar e desvendar seus mistérios ocultos, mas isso estava fora de questão devido ao limitado suprimento de provisões que conseguíamos carregar. Nessas caminhadas solitárias, não encontramos nenhum sinal ou vestígio de abrigos de seres humanos, e poucos e raros eram os animais que cruzavam nosso caminho. Ocasionalmente, de algum planalto recortado ou altura acidentada, avistávamos pequenos veados ou guanacos, e, de vez em quando, um cavalo selvagem nos espreitava, desconfiadamente, de trás de uma enorme rocha e, em seguida, com um relincho de surpresa mais do que de medo, partia apressadamente, sua bela crina e cauda flutuando ao vento, conferindo-lhe uma aparência grandiosa, selvagem e pitoresca.

Musters, em sua narrativa sobre a Patagônia, nos conta que os indígenas acreditam firmemente na existência de uma tribo desconhecida, ou de uma cidade encantada ou escondida, que, eles afirmam, supersticiosamente, está oculta em algum lugar nas profundezas dessas montanhas.

Mais ao norte, os indígenas Araucanianos[1] afirmam ter descoberto em sua vizinhança um assentamento de pessoas brancas que falavam uma língua desconhecida. Inúmeras lendas e histórias circulam entre os Patagônios, que contemplam com reverência e superstição as encostas arborizadas distantes e os glaciares estendidos das Cordilheiras, em cujas sombras eles nunca tentam penetrar.

Os Chilotes[2] afirmam que, nas florestas ocidentais da Cordilheira, existe um animal com a forma de um homem selvagem e o corpo todo coberto por pelos ásperos e crespos. "Tranco" é a designação pelo qual é conhecido. É difícil acreditar, que no meio desse imenso isolamento, não exista

O vale do cavalo selvagem

alguma espécie de ser humano. Mentes imaginativas podem evocar todo tipo de fantasias extraordinárias e povoar regiões desconhecidas com figuras estranhas e fantásticas; e é difícil evitar dar credibilidade a essas histórias vagas, que são contadas com tanta confiança e crença pelos habitantes locais.

A sinuosa colina, que se estendia na direção dos três picos de Cleópatra, enchia-nos de ávido desejo por explorar aquela terra desconhecida; consequentemente, acompanhados por Gregório e François, partimos todos a cavalo, cedo pela manhã, logo após o alvorecer. O ar estava cortante e revigorante, e cavalgamos por algum tempo contornando a floresta que se estendia à nossa direita e à nossa frente, até onde a vista alcançava. À nossa esquerda, ao longe, estendia-se um luminoso e verde vale, alegrado por flores coloridas, regado por inúmeros riachos e cursos d'água, enquanto, além, erguiam-se altas colinas, cobertas por vegetação e coroadas por densas florestas impenetráveis. Arbustos de califate, carregados de frutas maduras grandes, de um tamanho incomum, frequentemente nos faziam parar, pois era impossível resistir à sua aparência tentadora e refrescante.

Por volta do meio-dia, quando o sol estava a pino e começamos a sentir os efeitos de seus raios quentes e escaldantes, o vale que atravessávamos terminou abruptamente. Escalando a colina que limitava seus contornos, paramos no topo para dar aos cavalos alguns momentos de descanso e contemplar em silêncio e deleite a bela paisagem aos nossos pés.

Esse novo território, a que adentrávamos, tinha um aspecto totalmente diferente em comparação com o que havíamos acabado de deixar para trás. As florestas eram fechadas e imensas massas de rochas emergiam de suas copas frondosas, dando a aparência de fortalezas em ruínas para aqueles que as contemplavam pela primeira vez. Clareiras ensolaradas, cobertas por relva verde exuberante, abriam-se aqui e ali, como se tivessem sido limpas e moldadas pelas mãos do homem, enquanto um adorável riacho, que surgia das matas, à nossa direita, seguia seu curso em direção a um desfiladeiro profundo que conseguíamos distinguir à distância. À nossa esquerda, cercado por matas densas, brilhavam as águas claras e cintilantes de um imenso lago, que estimamos estar a cerca de três quilômetros. Ao fundo, como uma imensa e ameaçadora barreira, erguiam-se os picos altos, cobertos de neve da Cordilheira. Nenhum som perturbava a quietude sepulcral, que reinava sobre todo aquele cenário; nenhuma vida animal estava em movimento, e a impressão de um espectador, que contemplasse essa cena pela primeira vez, era a de uma sensação de solidão e desolação absolutas.

Descendo a colina, onde havíamos parado para descansar os cavalos, adentramos à paisagem florestal que acabei de descrever e, seguindo o curso do pequeno riacho, que fluía em direção ao grande desfiladeiro, não demoramos a chegar à beira de sua descida íngreme e perpendicular. Revelou-se um desfiladeiro de tamanho extraordinário, pois metros abaixo, sua base era formada pelo que parecia ser um minúsculo rio sinuoso, mas que uma expedição posterior, sobre a qual ainda irei contar, provou ser na verdade um rio largo, embora raso. Lá embaixo, à nossa direita, rugia uma enorme cachoeira, que, meio oculta pelas árvores, mal deixava alguma parte de si visível, e se não fosse pelas nuvens borrifadas, que se elevavam a grande altura, um observador não conseguiria distinguir sua verdadeira posição em meio ao esconderijo verdejante.

Não demorou até constatarmos que seria impossível descer os íngremes e precipitados lados desse grande desfiladeiro com os cavalos, e, portanto, relutantemente abandonamos qualquer esperança de poder avançar naquele dia em direção aos três grandes picos que ainda se erguiam diante de nós.

Direcionando nossos cavalos para a esquerda, adentramos a uma extensa área de mata estreita, que parecia nos conduzir em direção ao lago que havíamos avistado há pouco. Logo encontramos uma trilha deixada pelos cavalos selvagens, e concluindo que ela era formada por esses animais em seu trajeto para beber água no lago, seguimos seus sinuosos e tortuosos caminhos por algum tempo.

Frequentemente, a vegetação tornava-se tão densa e as árvores tão próximas umas das outras que tínhamos que desmontar e rastejar pelas aberturas feitas por nossos cavalos, depois de conduzi-los à frente. Às vezes, o caminho que estávamos seguindo simplesmente cessava e levava um tempo até encontrarmos a trilha novamente. Por fim, emergimos de um denso arbusto em uma clareira ampla e avançamos com entusiasmo.

Prosseguindo mais rapidamente do que meus companheiros, logo me distanciei deles; com medo de me perder e ansiosa para evitar algum contratempo desagradável, parei, desmontei e me sentei para esperar sua chegada. De repente, um som de galhos se quebrando, perto de mim, chamou minha atenção. Olhando na direção de onde o som vinha, avistei uma espécie de cervo de cor dourada escura, encarando-me com extrema surpresa.

Era um belo cervo, com chifres ramificados, grandes olhos escuros e languidamente expressivos. Cautelosamente, duas fêmeas espreitavam logo atrás dele, e, um pouco mais distante, pude distinguir vários outros animais da mesma espécie.

Como eu desejava ter um rifle, mas sabia que não havíamos trazido um conosco, e embora eu tivesse uma espingarda, ela não estava à mão, era Storer quem a levava. Rastejando para longe dali o mais silenciosamente possível, coloquei uma boa distância, de uns cem metros, entre mim e o ponto, onde avistei esses animais pela primeira vez. Então, levantando me com um salto, corri o mais rápido, o que pude, para onde imaginava que meus companheiros viriam. Assim que me avistaram, tentei fazer sinais para que parassem. Eles me notaram rapidamente e, adivinhando o que eu queria, puxaram as rédeas e esperaram que eu me aproximasse. Informei-os da descoberta que havia feito e, pegando minha espingarda, segui de volta ao local o mais silenciosa e furtivamente possível. Meus companheiros permaneceram parados, aguardando o som do tiro da minha espingarda, que sinalizaria para que todos se aproximassem.

Sim, lá estava ele, um belo animal, ainda na mesma atitude de curiosidade inquisitiva, em que eu o havia deixado. Apreensiva para evitar estragar a cabeça, mirei atrás do ombro e disparei. O estampido foi seguido por um som estrondoso na direção em que eu havia atirado. Uma meia dúzia de cervos saltaram para a clareira e, como um relâmpago, desapareceram na floresta. Quando a fumaça se dissipou, percebi que aquele, em que havia atirado, estava de joelhos, evidentemente incapaz de prosseguir. Aflita para acabar com o sofrimento do pobre animal, disparei um segundo tiro contra ele, que o derrubou. Entretanto, ele imediatamente se levantou e caminhou lentamente para longe, parecendo despreocupado e ileso. Eu não conseguia entender o que estava acontecendo comigo e com minha arma. Ele havia sido atingido nas duas vezes, e ainda assim parecia completamente indiferente. Não tive coragem de atirar novamente, mas Gregório o fez com seu revólver e quebrou a perna do infeliz animal. Manquejando com três pernas, ele deitou-se debaixo de uma rocha saliente, parecendo mais atordoado do que com dor. Enojada com tal carnificina, pedi a um dos meus companheiros que abreviasse o sofrimento do pobre cervo, e meu marido, aproximando-se dele, colocou seu revólver a cerca de trinta centímetros de sua testa e disparou. Devagar, ele afundou para a frente, atordoado e aparentemente sem vida, mas quando nos aproximamos, ele ainda estava respirando, e não havia nenhuma marca indicando que a bala tivesse penetrado o crânio. François veio em nosso auxílio, e, com a ajuda de sua faca de caça, o pobre animal foi libertado do seu sofrimento.

Como eu desejava guardar a pele, cujo pelo era muito espesso e longo, Gregório começou a removê-la. O processo levou algum tempo e mostrou ser muito difícil e tedioso de realizar. Durante nossa estada nas Cordilheiras, frequentemente encontramos esses cervos; mas nossa experiência com a sua docilidade, a grande dificuldade de abatê-los e a completa falta de esporte, envolvida nisso, impediram-nos de tentar derrubar outro. A carne era decididamente boa e muito apreciada, após a monótona dieta de carne de avestruz e guanaco; mas mesmo com esse incentivo, o cervo dourado das Cordilheiras permaneceu intocado e sagrado, aos nossos olhos, pelo resto do tempo, em que permanecemos em sua até então inexplorada e pacífica solidão. Se o arrependimento pudesse redimir aquela morte, da qual, infelizmente, fui a causadora, então, já fui perdoada há muito tempo, porque, por muitos dias, fui assombrada por um triste remorso pela perda daquela vida inocente e confiante, que até então permanecera na ignorância das propensões aniquiladoras do homem – esse homem que, assim que vê algo belo e raro, enche-se de desejo de destruir.

Os ombros, costelas e cabeça foram embalados nos cavalos de Storer, François e Gregório. O restante foi deixado como alimento para os cães e condores. Cerca de uma dúzia destes últimos, sentindo o cheiro de sangue, já pairavam bem acima de nossas cabeças e, assim que estivéssemos fora de vista, sem dúvida desceriam rapidamente e fariam um festim voraz com os restos deixados pelos cães. Cinco minutos de cavalgada nos levaram às margens da grande lagoa para onde nos dirigíamos. Ali, desmontamos e amarramos nossos cavalos, deixando-os pastar na longa e farta grama que crescia luxuriantemente ao redor. Algumas horas se passaram, prazerosamente, na caça de patos. Foi só tarde da noite que chegamos ao nosso acampamento, em segurança, cansados e famintos, mas tendo aproveitado plenamente o nosso dia.

CAPITULO XVI

Um alarme – Os cavalos selvagens – Combate equino – O selvagem garanhão vencedor – Batalha renovada – Recuo dos cavalos selvagens

Uma noite, depois do jantar, estávamos todos sentados ao redor da fogueira, conversando sobre café, quando l'Aria, que havia ido dar uma última olhada nos cavalos antes de dormir, voltou correndo e anunciou que podia ver indígenas descendo o vale em grande número. Imediatamente levantamo-nos e saímos apressados para inspecionar os recém-chegados, nem um pouco incomodados com a perspectiva de invadir nossa privacidade por sua presença indesejada.

Olhando para cima do vale, vimos uma massa escura movendo-se lentamente em nossa direção. Logo chegou mais perto, e Gregório, olhando atentamente por um instante, disse excitado: "Esses não são os indígenas, mas um grupo de cavalos selvagens; é melhor cuidarmos dos nossos!" Uma comoção extraordinária era de fato visível entre nossos animais.

Eles corriam de um lado para o outro, claramente em um estado de grande perturbação, ora se reunindo em um grupo, ora se dispersando em galope pelo vale, relinchando estridentemente.

Enquanto Gregório falava, um dos cavalos selvagens se separou do grupo principal e galopou em alta velocidade em direção aos nossos cavalos. "Rápido! Rápido! Peguem seus rifles, ou perderemos nossa manada" – gritou Gregório – alarmado; e embora não compreendêssemos a extensão total do perigo, corremos para pegar nossos rifles e partimos o mais rápido possível para nos colocarmos entre os cavalos selvagens e os nossos. Enquanto corríamos, Gregório explicava que o garanhão selvagem, se não o detivéssemos, levaria embora nossa manada e nos deixaria em uma situação perigosa. É claro que nada mais era necessário para nos impulsionar a correr o mais rápido possível e evitar o perigo iminente. Mas o garanhão voava como o vento em direção aos nossos cavalos, que agora estavam todos amontoados em um canto do vale, e mal podíamos esperar chegar a tempo de salvá-los. De repente, ele vacilou e caiu; tinha afundado em um pântano. Nos poucos segundos que ele levou para se libertar, tivemos tempo de nos aproximar. Bang! Bang! Bang! Dispararam nossos rifles, mas ele continuou a correr, ileso, e logo estava a cerca de vinte metros de nossos animais aterrorizados, e muito à frente de nós.

"Estamos perdidos!" gritaram os guias simultaneamente; e cheios de desânimo, todos ficamos imóveis, totalmente paralisados pelo pensamento da situação, em que ficaríamos sem os cavalos, a 480 quilômetros de Sandy Point.

Porém, nesse momento, o grande garanhão baio de Gregório, líder da manada, avançou para enfrentar o inimigo. Ambos pararam quando se encontraram e encararam um ao outro. Agradecidos por essa reviravolta em nosso favor, corremos novamente na esperança de chegar antes que o garanhão de Gregório fosse obrigado a fugir, pois o tamanho superior de seu adversário não deixava dúvidas de que, em última instância, ele teria que fazê-lo. Enquanto isso, os dois animais, após baterem no ar por um segundo ou dois, investiram um contra o outro e se envolveram em uma luta feroz, principalmente com os dentes, embora ocasionalmente se levantassem nas patas traseiras e lutassem com as dianteiras. Nossos cavalos, sem ousarem se mexer, observavam de um lado, e a manada selvagem, que havia se aproximado do campo de batalha, observava de outro, aparentemente muito interessada no desfecho da luta.

Apressamo-nos o mais rápido que pudemos, embora, infelizmente, nosso progresso fosse lento, pois estávamos sobrecarregados com nossos rifles e retardados pela grama alta.

Enquanto isso – outra desgraça – descobrimos que, além das três balas, que meu marido tinha em seu bolso quando começamos e que havíamos disparado na primeira rajada, ninguém havia trazido munição. Esse item essencial havia sido esquecido na pressa e excitação do momento. Esperando que pudéssemos lidar com o garanhão, se chegássemos a tempo com nossos revólveres, seguimos em frente, nossos olhos fixos nos dois combatentes, a resistência de nosso campeão sendo agora nossa única chance. Evidentemente, ele já estava em desvantagem, e a qualquer momento poderia virar as costas e fugir. Ainda assim, continuava lutando, e continuávamos nos aproximando cada vez mais.

De repente, meu irmão, que estava um pouco à nossa frente, pareceu cair. Corremos até ele e o encontramos até a cintura em um pântano, que se estendia pelo vale entre nós e os cavalos. Era impossível atravessá-lo; de fato, tivemos alguma dificuldade em puxá-lo para fora. Tivemos que correr uma boa distância antes de conseguirmos chegar a um terreno mais firme, e, nesse meio tempo, a batalha se voltou contra nosso garanhão, que de repente virou as costas e fugiu. Depois de dar um chute de despedida, o cavalo selvagem avançou em nossa tropa e começou a conduzi-la a galope em direção ao seu próprio grupo, punindo com violentas mordidas e coices qualquer animal que mostrasse sinais de resistência ou não fosse rápido o suficiente.

O momento era crítico. Fizemos todos os esforços para nos colocar entre as duas tropas, pois, se elas se juntassem, nossas chances eram desesperançosas. Mas outra reviravolta inesperada a nosso favor impediu que nossos esforços fossem perdidos. Essa reviravolta foi a súbita reaparição, no cenário, do nosso garanhão, que, ao ver suas esposas em retirada, evidentemente reuniu coragem para lutar mais uma vez.

O combate que se seguiu foi ainda mais feroz do que o anterior. Aproveitando a oportunidade, chegamos até nossos cavalos, que haviam paralisado de novo, e apressadamente os conduzimos à nossa frente em direção ao acampamento. Já tínhamos percorrido uma certa distância quando o garanhão selvagem, tendo novamente se mostrado vitorioso, veio voando atrás de nós, relinchando orgulhosamente e claramente com más intenções. Começamos a gritar e acenar com as mãos à medida que ele se aproximava, na esperança de afastá-lo. Quando estava a cerca de trinta e seis metros de nós, ele parou, mas continuou a nos cercar, batendo os cascos no chão e relinchando furiosamente. Nosso objetivo era conduzir os cavalos até o acampamento e pegar nossa munição de rifle, pois estava claro que a única maneira de nos livrarmos desse incômodo Don Juan era eliminá-lo por completo.

Logo chegamos perto do acampamento e gritamos para I'Aria nos trazer algumas balas. Ao som do primeiro tiro, o garanhão fugiu em desespero e com tanta rapidez que os dois ou três disparos, que fizemos contra ele, não acertaram o alvo. Ele seguiu direto para sua tropa, que durante toda a atuação, ficou em vigilante expectativa. No momento em que ele os alcançou, todos partiram a galope e, num piscar de olhos, subiram a íngreme encosta no lado oposto do vale e desapareceram. Nossos cavalos estavam tão assustados e confusos com os eventos do dia que pareciam ter pouco desejo de pastar, mas ficaram parados juntos, tranquilos, por mais de uma hora perto do acampamento. Estávamos um pouco apreensivos com a possibilidade de o garanhão retornar durante a noite, mas Gregório disse que não havia perigo disso acontecer, então fomos dormir. Na manhã seguinte, ficamos felizes em ver nossa tropa pastando tranquilamente, como de costume.

CAPITULO XVII

Excursão às Agulhas de Cleópatra – Rio sinuoso – Viagem difícil – Um estranho fenômeno – Morada das fadas – Cavalos selvagens novamente – A agilidade deles – O lago azul – Os picos de Cleópatra – A terra prometida

Naquela noite, ficou acertado que o Sr. B., meu irmão e eu faríamos uma expedição com Gregório às três estranhas montanhas, que mencionei anteriormente. Para poupar nossos cavalos, não levaríamos artigos pesados, apenas uma chaleira, alguns biscoitos, café e carne, além de, claro, nossas peles de guanaco e armas.

Equipados, partimos na manhã seguinte logo após o nascer do sol. Nossa viagem começou mal. Ainda não havíamos ido longe quando meu irmão afundou em um pântano, do qual teve grande dificuldade de sair; e quanto ao seu cavalo, chegamos a pensar que o pobre animal nunca mais conseguiria sair dali, de tão fundo que ele havia atolado na instável e encharcada terra.

Entretanto, conseguimos finalmente tirá-lo dali e, embora ambos estivessem cobertos de lama, nem o cavaleiro nem o próprio cavalo sofreram qualquer dano com esse pequeno contratempo. Prosseguindo em nossa jornada, seguimos Gregório em um trote animado para a grande ravina, por onde fluía aquele amplo e veloz rio de montanha que era necessário atravessarmos.

O lado da ravina era tão íngreme que tivemos que desmontar e guiar nossos cavalos por uma trilha estreita feita pelos cavalos selvagens. Essa trilha parecia cair quase perpendicularmente em direção ao rio, que rugia a cerca de sessenta a noventa metros abaixo de nós, e um escorregão ou tropeço poderia nos enviar, uns sobre os outros, desordenadamente, direto para dentro dele. Contudo, não tivemos nenhum acidente e, chegando com segurança ao fundo, continuamos a travessia do rio. Ele não era tão profundo quanto esperávamos, mas corria com grande força, e seu leito, composto de seixos soltos e grandes rochas, fazia com que nossos cavalos se debatessem e espirrassem água de forma preocupante. Todos

Fomos os primeiros a irromper naquele mar silencioso

ficamos mais ou menos encharcados quando finalmente o atravessamos. Por ser verão, a água estava relativamente baixa, e conseguimos seguir as sinuosidades da ravina, cavalgando sobre a faixa seca do leito do rio por uma boa distância. Mas, então, o rio começou a se movimentar inconstantemente de um lado da ravina para o outro, assim, nos vimos obrigados a atravessá-lo novamente; e os lados da ravina estavam agora tão íngremes e cheios de árvores que não tínhamos outra opção senão seguir o rio.

Após duas horas de água espirrando e escapadas por pouco de mergulhos completos, o rio fez uma curva repentina para o sul, e para continuar nosso caminho em direção aos picos, tivemos que nos despedir de nossa conveniente ravina e abrir caminho, da melhor maneira possível, pela floresta de faias. Isso foi uma tarefa árdua. Às vezes, entrávamos em uma moita que tornava o progresso impossível, forçando-nos a retroceder e tentar outra rota, frequentemente, encontrando a mesma dificuldade. Em outros momentos, uma clareira ampla e boa revelava-se igualmente impraticável, devido a uma faixa de pântano atravessando-a, ou uma pequena ravina, que favorecia nossa jornada por um tempo, transformava-se em um beco sem saída, e, novamente, tínhamos que retornar. Felizmente, o clima estava bom e ensolarado, e minimizamos nossas dificuldades, ocasionalmente, descansando por um tempo para admirar algumas das belas paisagens que o acaso nos apresentava, ou para nos deliciarmos com algum arbusto carregado de groselhas vermelhas selvagens, que agora estavam maduras e doces.

Um fenômeno peculiar, sugerindo algum grande incêndio em tempos passados, chamou minha atenção nessas florestas. Em todos os lugares, entre as árvores mais jovens, havia enormes gigantes mortos, cinzentos e sem folhas, parcialmente queimados, como se um mar de fogo súbito os tivesse varrido, secando sua seiva e destruindo suas forças vitais, sendo apagado, no entanto, por algum agente repentino antes que tivesse tempo de destruir completamente seus galhos e troncos. Esses esqueletos cinzentos, de uma era passada, pareciam esquisitos e horripilantes, destacando-se entre as árvores verdes e frescas ao seu redor, e o vento, soprando por entre seus galhos, produzia um som seco e áspero, que contrastava estranhamente com o sussurro melodioso das copas frondosas de seus companheiros.

Durante três ou quatro horas, abrimos caminho pela floresta, e eu nunca havia ficado tão surpresa com as maravilhosas habilidades de resistência de nossos cavalos, como nesta ocasião, sem mencionar sua extraordinária esperteza em escalar os troncos de árvores caídas, e, em encontrar o caminho por terrenos lamacentos, onde um passo errado para qualquer lado teria sido desastroso. Por fim, chegamos ao limite da floresta, todos um pouco arranhados e machucados, completamente exaustos dos esforços que havíamos feito.

Entretanto, as montanhas ainda estavam muito longe, o sol estava se pondo, e, logo, outro trecho de floresta surgia ameaçadoramente à nossa frente. Decidimos, portanto, não ir mais longe naquele dia e procuramos um lugar adequado para acampar.

Não demoramos a achar um pequeno recanto admiravelmente adequado para nosso propósito. Protegido por um agrupamento de rochas cobertas de musgo e grama e bem cercado por arbustos e árvores, encontramos um círculo encantado de relva macia e aveludada, enfeitado por cachos de verbenas escarlates e violetas selvagens. Borbulhando entre as rochas, um riachinho prateado e límpido corria em seu centro, dando o toque sutil de vida e movimento necessários para tornar este retiro silvestre tão alegre quanto acolhedor, sem falar em sua conveniência em relação à chaleira.

Desencilhamos nossos cavalos, e, então, Gregório e o Sr. B. começaram a acender uma fogueira, enquanto meu irmão saiu com sua espingarda, e eu juntei um punhado de groselhas vermelhas, que amassei com açúcar para a sobremesa. No momento em que meu irmão voltou, trazendo consigo um par de pombos e papagaios, eles, logo, foram depenados e espetados. A costela de guanaco, que Gregório havia começado a assar estava no ponto, e nos sentamos para uma farta refeição, finalizada com as groselhas vermelhas.

Em seguida, os homens acenderam seus cachimbos e a cuia de mate circulou, enquanto observávamos o sol se pôr sobre as montanhas, dourando seus picos com diversos tons e fazendo com que suas geleiras nevadas brilhassem calorosas e douradas sob seu toque mágico. Lá embaixo, aos nossos pés, estava o desfiladeiro, com o rio que tínhamos atravessado tantas vezes, naquele dia, parecendo um sinuoso fio prateado ao longe. Ao nosso redor reinava uma paz perfeita; bandos de papagaios falantes, que haviam deixado a floresta barulhenta durante o dia, estavam agora em seus poleiros cobertos de folhagem, e nem uma brisa movia as árvores silenciosas. Alguns passarinhos, que sem dúvida tinham seus ninhos nas frestas das grandes pedras, as quais formavam o pano de fundo do nosso acampamento, voaram impacientemente ao nosso redor, por algum tempo, até que, percebendo que não tinham nada a temer de seus estranhos visitantes, tomaram coragem e saltaram de pedra em pedra até suas respectivas moradas. Após chilrear uma ou duas notas, permaneceram em silêncio durante toda a noite.

Seguimos o exemplo deles e, enrolando-me em meu manto de guanaco, com a cabeça em minha sela, dormi um sono tranquilo e doce sob a verde árvore, como jamais um cansado mortal fora abençoado. Nem Puck[1] nem Ariel[1] fizeram brincadeiras comigo; embora, pelo que eu saiba, Titânia[1] e Oberon[1], e seu séquito de fadas, voando do espírito moderno cético, que os ignora, possam muito bem ter feito desses isolados recantos silvestres seu próprio lar.

Montamos cedo na manhã seguinte e, mergulhando na floresta, seguimos nosso caminho com as mesmas dificuldades que haviam prejudicado nosso progresso no dia anterior. Depois de algum tempo, porém, chegamos a uma região evidentemente muito frequentada por cavalos selvagens e, eventualmente, encontramos um caminho aberto por eles, que atravessava a floresta. Seguindo esse caminho, avançamos a um ritmo bastante bom. Então, nossos cavalos começaram a relinchar e a erguer as orelhas à medida que avançávamos em direção a uma clareira. Seus chamados foram respondidos de algum lugar além de nós, e avançando para o campo aberto, nos deparamos com uma manada de cavalos selvagens, que, ao ouvirem nossa aproximação, tinham parado de pastar e estavam reunidos em um grupo, bufando, batendo cascos e nos encarando com evidente espanto. Um deles veio, audaciosamente, trotando ao nosso encontro e, evidentemente, sem intenções pacíficas; seu olhar malicioso e seus dentes brancos, que ele ferozmente mostrava, não eram nada tranquilizadores. Mas, de repente, ele parou, nos olhou por um momento e, em seguida, com um relincho selvagem, partiu loucamente, seguido por toda a tropa. Eles desapareceram como um raio sobre a borda de um desfiladeiro profundo, para surgirem novamente em nosso campo de visão em apenas alguns segundos, correndo como cabras pelo lado oposto, que se erguia quase perpendicularmente a uma altura de cerca de duzentos metros. Eles alcançaram o topo a galope em um piscar de olhos e, sem pausar um instante, desapareceram novamente, nos deixando maravilhados e admirados com sua agilidade impressionante. Eu já havia observado trilhas abertas por eles em subidas de encostas tão íngremes que um homem mal conseguiria escalar, mas agora que eu testemunhara um exemplo de suas habilidades com meus próprios olhos, mal conseguia acreditar que possuíssem tamanha destreza e habilidade nos pés, que não desqualificariam um *chamois*[2].

Do campo aberto onde estávamos, podíamos ver um amplo lago situado à base de colinas bastante altas, atrás das quais se erguia a imponente montanha que culminava nos três picos que desejávamos alcançar, e como um desfiladeiro parecia se estender naquela direção a partir da cabeceira do lago, seguimos para lá, ocasionalmente aproveitando as várias trilhas dos cavalos selvagens para acelerar nosso avanço. Após uma cansativa escalada de horas, atravessamos uma última faixa de floresta, atolamos e nos debatemos em um último pântano, fizemos curta cavalgada por uma planície gramada, pontilhada de arbustos, que estavam literalmente azuis por uma profusão de bagas de califate e nos encontramos às margens de uma esplêndida extensão de água.

A vista foi recompensadora de nosso esforço. O lago, que tinha entre três e cinco quilômetros de largura, estava cercado por colinas altas cobertas por uma vegetação densa, que se estendia até a beira da água. Além das colinas, erguiam-se os três picos vermelhos e as Cordilheiras. Suas geleiras brancas, com nuvens brancas descansando sobre elas, eram maravilhosamente refletidas com perfeição na superfície imóvel do lago, cujas águas cristalinas possuíam um azul extraordinariamente brilhante, como jamais vi igual. Em torno do lago, havia uma estreita faixa de areia branca, e, exatamente no centro, havia uma pequena ilha verde com um bosque de faias crescendo nela. Cada cor – o branco, o verde, o azul – era tão cintilante; a cena – as colinas arborizadas, as geleiras se elevando para o azul acima e afundando, refletidas no azul abaixo – era tão única; o espírito de silêncio e solidão que pairava sobre tudo era tão impressionante, que por muito tempo ficamos como que enfeitiçados, nenhum de nós proferindo uma palavra. De repente, fomos surpreendidos por um som de vento atrás de nós e, em outro instante, fazendo o ar tremer, enquanto passava, e, quase me tocando com a ponta de sua poderosa asa, um condor passou por nós, subindo com um voo rápido, cada vez mais alto.

Nós o seguimos com os olhos, até que ele se tornou um mero ponto no céu e, finalmente, desapareceu, a centenas de metros de altura. Esse evento pareceu quebrar o encanto que nos mantinha em silêncio, e começamos a entoar um coro de exclamações de louvor e admiração, pois, a cada segundo, alguma nova beleza na cena diante de nós prendia nosso olhar maravilhado.

Retomando nossa jornada, cavalgamos ao longo da estreita praia em direção à cabeceira do lago. Às vezes, éramos forçados a entrar na água, já que em alguns trechos não havia praia. De qualquer maneira, progredíamos mais rapidamente do que até então, e, em um espaço de tempo relativamente curto, chegamos à cabeceira do lago. Estávamos perto dos três picos, que agora podíamos ver que eram partes da cratera de um vulcão extinto, cujas outras partes haviam desmoronado, vítimas da ação do tempo. Acampamos ao lado de um pequeno riacho que desembocava no lago. Durante toda a noite, podíamos ouvir o estrondo de avalanches, ou, talvez, o ronco de algum vulcão distante; e eu me vi nervosamente esperando uma repetição do terremoto, que nos surpreendera desagradavelmente em Laguna Blanca.

Pela manhã, subimos uma colina alta, de onde tínhamos uma boa visão do interior. Ao mesmo tempo, pudemos nos certificar de que seria inútil, com a escassa provisão que tínhamos, tentar ir mais adiante, pois o terreno, à nossa frente, era de floresta ainda mais fechada do que o que já tínhamos percorrido.

Por um trecho, pudemos vislumbrar vales de verde brilhante entre as colinas, com cujas pastagens excelentes nossos ágeis amigos, os cavalos selvagens, certamente estavam bem familiarizados. Mais adiante, erguia-se uma floresta de picos brancos, um se elevando acima do outro, até que o mais alto desaparecesse, nebuloso e indistinto, no céu. Eu gostaria de ter mergulhado no mistério mais distante deles, mas não foi possível; então, com um suspiro de pesar, voltamos nossos cavalos na direção de casa.

Chegamos ao acampamento tarde da noite, tendo exigido o máximo das forças de nossos animais para realizar o trajeto de volta em um dia. Nosso relato do maravilhoso lago azul e do curioso território despertou a inveja daqueles que haviam ficado para trás e levou a uma discussão sobre a viabilidade de entrarmos nas montanhas com todas as nossas bagagens. Entretanto, as dificuldades em nosso caminho eram muitas e temíveis, então, relutantemente fomos obrigados a abandonar esse plano sedutor.

CAPÍTULO XVIII

Pensamos em retornar – Adeus às cordilheiras – O último dos cavalos selvagens – Mosquitos – Noite de tempestade – Uma calamidade – O último biscoito – Utilidade dos sinais de fogo

Alguns dias a mais, passados nas Cordilheiras, aproximaram-nos do momento em que era necessário começar a pensar em retornar a Sandy Point. Nossos suprimentos estavam diminuindo rapidamente. Ainda tínhamos bastante chá, café e açúcar, mas os sacos de biscoitos estavam alarmantemente se esgotando, e todas as nossas outras iguarias já haviam sido consumidas. Muitos dos nossos acampamentos eram dolorosamente lembrados pela associação com esta ou aquela comida, que havia sido degustada ali pela última vez. Assim, perto de "Los Bargnales"[1], terminamos nossa última lata de manteiga; "Los Morros" testemunhou a abertura da nossa última lata de leite em conserva; e aqui, nas Cordilheiras, engolimos com pesar nosso último prato de mingau.

A carne de guanaco é boa, assim como a carne de avestruz; também é bom ter uma vida ao ar livre, cigana, em um clima ensolarado, com muitos esportes e companhias agradáveis. Mas a benevolência de tudo isso é materialmente ampliada pela presença de incentivo e materialmente depreciada pela falta dele. Assim, quando o nosso cardápio diário passou a consistir de uma série de variações criativas ao monótono tema das carnes de avestruz e guanaco, diversificadas apenas por biscoitos assados, nossos pensamentos de alguma forma começaram a girar em torno de casa; e, muitas vezes, nos pegamos falando da "querida e velha Inglaterra" e de seu rosbife com um tom de afetuosa saudade. De alguma forma, o ar da Patagônia não parecia tão revigorante e inspirador como no início; começamos a ficar céticos em relação à caça de guanacos e avestruzes; descobrimos que os patos selvagens eram muito mansos para proporcionar uma verdadeira emoção, e que caçar narcejas em um país, onde essas aves levantam em bandos, é simplesmente uma questão de carregar e apertar o gatilho. Desconfortos e dificuldades, aos quais de início não dávamos importância, agora começaram a ser levados a sério, e nossos temperamentos, antes tão dóceis e conciliadores, começaram a ficar azedos e irritáveis. Todos nos sentíamos mais inclinados a insistir em nossas opiniões individuais e menos dispostos a valorizar as dos nossos companheiros. Antes, evitávamos discussões, que pudessem perturbar a harmonia, que reinava entre nós; agora, as acolhíamos como irritações agradáveis e até as provocávamos de propósito. O resultado foi que, um dia, quando alguém sugeriu que talvez fosse melhor pensarmos em retornar, após um pouco de oposição, como era de costume (pois no nosso estado de espírito, daquele momento, era suficiente alguém propor um plano para que todos os outros se opusessem imediatamente), concordamos unanimemente que, considerando que já tínhamos visto bastante da Patagônia, considerando também que nossos mantimentos estavam quase esgotados e que nossos cavalos estavam muito cansados, seria melhor partir imediatamente.

Portanto, numa manhã, os cavalos de carga foram trazidos e procedemos à conhecida tarefa de carregá-los. Isso havia se tornado muito mais simples do que antes, e nos confortávamos com a reflexão de que a perda em nossa despensa era um ganho em termos de tempo economizado todos os dias ao arrumar as coisas.

Antes de partirmos de nosso belo acampamento, gravamos nossos nomes em uma das árvores e erguemos um monte de pedras, no topo do qual deixamos uma garrafa – o único símbolo de civilização de que podíamos abrir mão. Em seguida, montamos nossos cavalos, viramos as costas para as Cordilheiras e partimos em direção à ravina, pela qual tínhamos entrado, cujo nome, entre os comerciantes, é "Ravina dos Cavalos Selvagens".

Conforme cavalgávamos, um cavalo solitário surgiu repentinamente no topo de uma colina e, depois de nos observar por um momento, veio galopando freneticamente em nossa direção, com um relincho alto e talvez intenções perigosas. Nossos cavalos se dispersaram em todas as direções; Gregório e I'Aria pegaram suas "bolas", preparados para emergências, e aguardamos curiosamente o desenrolar da situação. O cavalo selvagem se aproximava cada vez mais, sem reduzir nem um pouco sua velocidade, claramente determinado a investir contra nós. Começamos a nos sentir desconfortáveis, mas confiamos na destreza de Gregório, embora tenha sido bom não ter havido necessidade de testá-la. Quando estava a cerca de dez metros de nós, o cavalo selvagem subitamente parou, ficou imóvel por um segundo e, então, se virou; com duas séries de "bolas" zunindo inofensivamente, ao redor de suas orelhas, saiu pulando tão velozmente quanto veio, só parando quando alcançou o topo da colina, onde havia aparecido pela primeira vez. Essa foi a última vez que vimos os "Bagnales"[1].

No final da tarde atravessamos a ravina, na qual acampáramos antes de entrar nas Cordilheiras. Ali, fomos atacados por uma densa nuvem de mosquitos, que perturbaram a nós e aos nossos cavalos terrivelmente, zumbindo a nossa volta e mordendo ferozmente, onde conseguissem pousar.

Por um tempo, tudo o que se ouvia eram reclamações e exclamações de raiva, misturadas com ocasionais gritos de alegria diabólica quando um de nós conseguia destruir meia dúzia dos nossos sedentos atormentadores com um tapa. Mas diante da fúria e do grande número deles, não havia refúgio, a oposição apenas aumentava a sua virulência, e aqueles que eram mais agressivos e enérgicos em afastá-los acabavam cercados pela nuvem mais densa de insetos. O alívio só veio quando saímos da ravina e chegamos à planície, onde uma rajada de vento varreu rapidamente nosso inimigo, em um segundo, não sobrando nenhum mosquito para amaldiçoar ou matar.

Agradecidos por nos livrarmos desse incômodo, não estávamos inclinados a reclamar muito do calor opressivo ao qual fomos expostos durante todo o dia, embora o sol brilhasse sobre nós em um céu sem nuvens, com força avassaladora, e nossos rostos queimados e com bolhas ardessem dolorosamente sob seus raios ardentes. Acampamos perto de uma grande lagoa, e, nos dias subsequentes, continuamos nossa viagem pelas planícies, sem que nada notável ocorresse. Até então, havíamos tido muita sorte em relação ao clima, e, especialmente, as noites, com poucas exceções, tinham sido tranquilas e agradáveis. Mas em uma cavalgada antes de chegarmos ao rio Coy-Inlet, acampamos em um amplo vale, onde nossa experiência das noites patagônicas foi desagradavelmente variada.

Pouco depois de irmos nos deitar, as apreensões despertadas pelo aspecto ameaçador do céu, enquanto lançávamos um último olhar para o tempo antes de nos recolher, foram mais do que realizadas. O vento começou a soprar de forma ameaçadora através da grama e, em pouco tempo, tornou-se uma tempestade regular. Um temporal repentino arrancou nossas barracas de suas estacas e as lançou rodopiando pelo ar. Uma cena desagradável de confusão se seguiu. Chovia torrencialmente, estava completamente escuro e o vento soprava com tanta força que era difícil se manter em pé. Tapetes, roupas e brasas fumegantes eram levados pelo vento em todas as direções; o grupo inteiro tateava na escuridão, tropeçando em algo ou esbarrando em alguém; e o uivo do vento, o rugido do rio, o coro de imprecações altas em várias línguas e os gemidos sobrenaturais dos cachorros choramingando compunham a cena mais selvagem, que se pode imaginar de uma desordem barulhenta.

Várias tentativas foram feitas para montar as barracas, em vão, porque o vento estava muito forte. Por fim, completamente encharcados, tivemos que desistir da tentativa e nos arrastar para dentro de qualquer pele que estivesse ao alcance, e esperar até que a tempestade passasse, o que não aconteceu até cerca de quatro horas da manhã, quando estava clareando.

Era tarde demais ou cedo demais para voltar a dormir, então saímos, sorrateiramente, sonolentos, úmidos e miseráveis, e bebemos café quente, em volta de uma fogueira fumegante, até que o sol nascesse e nos aquecesse completamente.

Havíamos planejado acampar perto do rio Coy-Inlet naquela noite, e como era uma boa distância, partimos logo após o café da manhã. Passamos por vários rebanhos de guanacos e também por um rebanho com cerca de oitenta a cem avestruzes. Nunca tinha visto tantos juntos antes. Tentamos persegui-los, mas os cães ficaram tão excitados, correndo atrás de um avestruz e depois de outro, que no final todos escaparam.

Uma calamidade aconteceu conosco naquela tarde. A égua que carregava as duas pequenas sacolas com tudo o que restava do nosso maior tesouro – nossos biscoitos – de repente assustou-se com algo e disparou galopando loucamente. Seguimos seu caminho com olhos ansiosos e corações acelerados, sem ousar ir atrás dela, com medo de agravar seus temores. Por um tempo, a carga permaneceu firme e começamos a ficar calmos, mas enquanto observávamos – oh, horror! – ela começou a inclinar para um lado e, em seguida, deslizou gradualmente para o chão. No momento em que a égua sentiu a carga caindo, começou a chutar e, galopando cada vez mais rápido, em poucos segundos ela ficou sem a carga e se acalmou.

Foi só galoparmos à frente para descobrirmos o pior, e o pior era realmente ruim. Um longo rastro de biscoitos quebrados, espalhados na grama, marcava o caminho que a infeliz égua havia percorrido, e quando chegamos às sacolas, restavam apenas alguns punhados pequenos. Tentamos juntar o que podíamos, mas os biscoitos, após uma longa viagem, se desfizeram em pó fino, e era impossível resgatar muito da grama alta, onde haviam caído. A nossa última chaleira também sofreu severamente no tumulto, e notamos um grande buraco em sua lateral quando, após uma longa busca, finalmente a encontramos. Guillaume falou com esperança sobre a possibilidade de consertá-la, mas caso isso não fosse possível, adeus ao reconfortante mate; adeus à tigela matinal de café gratificante; adeus ao contentamento: o maior conforto da vida no acampamento fora embora. Lenta e melancolicamente, amarramos o que restava dos biscoitos em uma pequena bolsa de lona, que Gregório prendeu à sua sela, e, então, depois de passarmos um quarto de hora pastando de quatro nas migalhas encontradas entre a grama, continuamos nossa jornada, refletindo sobre a vaidade de todas as coisas.

Chegamos ao rio Coy-Inlet naquela noite e, atravessando-o, acampamos próximo à margem.

Choveu novamente durante a noite, mas como quase não ventava, não fez muita diferença, e exceto por uma sensação constante de umidade, não sofremos grande desconforto. Continuando nossa marcha naquele dia pelas planícies, que se estendiam entre o rio Coy-Inlet e o Gallegos, avistamos a fumaça de inúmeras fogueiras ao longe; contudo, não houve resposta ao fogo que acendemos, e concluímos que fossem apenas fogueiras antigas, que ainda queimavam lentamente.

No dia seguinte, um dos membros de nosso grupo teve a oportunidade de testar na prática o valor do fogo como meio de sinalizar sua localização nos pampas. Ele havia levantado cedo pela manhã e saído a pé por volta das cinco horas com seu rifle para tentar caçar um guanaco. Às dez, ainda não havia retornado. Como tínhamos apenas um curto percurso naquele dia, não importava se começássemos um pouco mais tarde do que o habitual, então ficamos esperando seu retorno. Deu onze horas, meio-dia, e, ainda, nenhum sinal dele. Ele já estava ausente por mais de sete horas, e comecei a pensar que algo poderia ter acontecido com ele. Decidimos então cavalgar pelas planícies para procurá-lo, acendendo fogueiras em intervalos para mostrar a posição do acampamento, olhando ansiosamente o horizonte a fim de ver se ele também havia acendido uma fogueira.

Porém, depois de cavalgarmos por muito tempo, não vimos nada e voltamos ao acampamento, perguntando-nos o que poderia ter acontecido. Justo quando estávamos no meio de uma discussão perplexa sobre quais medidas tomar, para nosso alívio, ele chegou, repentinamente, ao acampamento, ensanguentado e cansado, carregando a cabeça e as costelas de um guanaco nas costas. Ao deixar o acampamento, ele feriu um guanaco, que fugiu e o levou em uma longa perseguição por duas ou três horas, sem que ele conseguisse se aproximar novamente. Desesperado, finalmente disparou dois tiros de longo alcance, mas, aparentemente, sem atingir o alvo. Esses tiros esgotaram sua munição, já que nosso estoque de cartuchos de bala estava muito baixo, e ele havia se permitido apenas três disparos. Relutante em abandonar o animal ferido, ele o seguiu tenazmente por ravinas e colinas, sempre jurando a si mesmo que, além de certo ponto, não seguiria adiante, mas sempre sendo seduzido pelos sinais de exaustão que o guanaco mostrava, para ir um pouco mais longe. Por fim, ele teve a satisfação de ver o guanaco deitar-se e, com um grito de triunfo, correu para abatê-lo com sua faca de caça.

À sua aproximação, todavia, o guanaco saltou novamente e, enquanto corria lentamente, conseguiu distanciar-se de seu implacável perseguidor, já completamente exausto com tantos esforços; no entanto, sentindo que, com paciência, ele finalmente venceria, sentiu-se menos inclinado do que nunca a abandonar sua presa. Numerosas águias e condores já circulavam sobre o guanaco condenado, e o pensamento de que o fruto de seu empenho seria apenas uma festa para esses odiosos invasores era um incentivo adicional para perseverar. Afinal, seu trabalho foi recompensado com sucesso. Esperando até que o guanaco se deitasse novamente, ele se aproximou aos poucos e, quando estava a cerca de vinte metros dele, fez um movimento rápido em sua direção. O guanaco tropeçou ao tentar se levantar, e ele teve tempo apenas de correr e segurá-lo pela orelha, e com um golpe feliz de sua longa faca de caça, pôs fim ao sofrimento do bicho. Somente quando o cortou e se carregou com as melhores partes do guanaco, começou a refletir que, na excitação da perseguição, ele havia se esquecido completamente em que direção o acampamento ficava. Ele havia seguido o guanaco ora para a direita, ora para a esquerda, muitas vezes tendo que correr para mantê-lo à vista, e tudo o que sabia era que várias horas deviam ter passado desde que começara a perseguição.

Em seguida, ele acendeu várias fogueiras, mas só tinha alguns fósforos e as fogueiras, infelizmente, logo se apagaram, de modo que ele não tinha meios de nos indicar sua localização. Não obstante, ele seguiu na direção, onde imaginava que o acampamento estivesse e continuou a caminhar cansadamente com sua carga, da qual, tão exausto como estava, naturalmente relutava em se separar. Depois de percorrer uma boa distância, olhou ao redor e, então, a linha do horizonte atrás dele parecia estranhamente semelhante àquela de que se lembrava ter visto ao deixar o acampamento. Entretanto, de alguma forma, a linha do horizonte, à esquerda, também tinha a mesma aparência. Qual era a correta? Ele estava exatamente ponderando sobre essa intrigante questão, não de muito bom humor, quando avistou a fumaça das fogueiras que tínhamos acendido e, felizmente, não muito longe, na direção que ele instintivamente escolhera, desde o início, como a correta. A visão lhe deu nova energia e, embora ainda tivesse uma boa distância a percorrer, ele conseguiu finalmente chegar ao acampamento, sem ter que abandonar a carne, que lhe custara um dia de trabalho árduo.

CAPÍTULO XIX

Isidoro – Uma refeição repugnante – Pães caros – Escassez de guanacos – Desapontamento – A noite nos surpreende – Sem jantar – Jejum prolongado – Nenhuma carne no acampamento

Descemos um amplo vale que levava ao rio Gallegos, onde acamparíamos durante a noite. Ao chegarmos à extremidade oposta ao vale, fomos surpreendidos pela visão de um acampamento indígena, composto por três barracas, montadas do outro lado do rio. Sem muita curiosidade em conhecer seus habitantes, continuamos nossa jornada, ao longo do rio, para o local, onde pretendíamos acampar, mas Gregório e o Sr. B. cavalgaram até lá para vê-los e se juntaram a nós uma hora depois. Sr. B. encontrou um velho amigo, um gaúcho argentino chamado Isidoro, que o havia acompanhado em uma viagem anterior e, curiosamente, a quem havia visto pela última vez um ano antes, exatamente no mesmo lugar, onde se encontraram novamente. Fiquei feliz em ouvir que Isidoro iria nos visitar no dia seguinte, pois havia ouvido muito sobre ele e estava ansiosa para conhecê-lo.

Acampamos próximo ao rio, a onze ou doze quilômetros do acampamento indígena, e, consequentemente, esperávamos estar um pouco longe demais para atrair uma visita deles. A experiência desagradável de sua visita quando estávamos em Cabo Gregório ainda estava fresca em minha mente.

De manhã cedo, vimos um homem cavalgando na direção do acampamento, que me disseram ser Isidoro. Ele logo apareceu entre nós e, exceto pelo bigode, a barba e a limpeza da parte superior de suas vestimentas, ele poderia ser confundido com um índio. Isidoro foi calorosamente recebido pelos guias, entre os quais, seu conhecimento inigualável em tudo o que diz respeito ao ofício nos pampas e ao seu caráter pessoal lhe renderam grande prestígio. Ele não ficou muito tempo, pois estava indo caçar com os índios. Então, depois de tomar algumas xícaras de mate e fumar alguns cachimbos em silêncio, despediu-se e partiu.

Enquanto se afastava, não pude deixar de admirar sua postura masculina e sua posição perfeita em um esplêndido cavalo de raça, que parecia digno de seu dono. Isidoro usava sua capa de guanaco com uma certa graciosidade afetada, que não se via em Gregório ou em qualquer um dos outros, e cada item de seus equipamentos, desde seu laço, cuidadosamente enrolado, até as ligas coloridas em volta de suas novas botas de montaria, estava perfeitamente acabado e elegante.

Depois que ele se foi, meu marido e eu partimos para caçar guanacos. Logo matamos um e estávamos ocupados na laboriosa tarefa de cortá-lo quando ouvimos um grunhido e, olhando para cima, vimos um índio atrás de nós, montado a cavalo. Ele observou nossos esforços desajeitados, em silêncio, por algum tempo, ocasionalmente irrompendo em gargalhadas e, em seguida, desmontando, tirou sua própria faca e, com alguns cortes hábeis e simples, fez tudo em um instante. Ele recompensou-se por seu trabalho cortando os rins e o coração do bicho e comendo-os crus e ensanguentados ali mesmo. Após essa repugnante refeição, ele estalou os lábios, montou em seu cavalo e partiu, sorrindo eloquentemente e deixando-nos perplexos e horrorizados.

Na noite após nossa parada em Gallegos, acampamos em uma região rochosa, onde havia muito pouca grama, mas muitas codornas, em muitas das quais atiramos, embora as tenhamos achado muito secas e pouco palatáveis. Choveu o dia seguinte inteiro, então fomos obrigados a permanecer, onde estávamos, muito contra nossa vontade.

Ter que passar o dia inteiro em uma pequena barraca, olhando uma paisagem cinza e monótona, enquanto a chuva bate na lona em um ritmo impiedoso e desanimador, é um severo teste de paciência, e a nossa foi seriamente abalada por essa provação. A Patagônia não era mencionada de forma elogiosa durante essas exaustivas horas. No entanto, ao anoitecer, o tempo abriu e pudemos sair e esticar as pernas ao ar livre antes que escurecesse.

Dois dias após deixarmos esse acampamento, encontramos a trilha indígena que levava a Sandy Point e, no terceiro dia, acampamos em frente ao Cabo Gregório, não muito longe de onde visitamos os índios. Pretendíamos parar um par de dias ali para abastecer-nos com uma boa quantidade de carne antes de seguirmos para Sandy Point, pois não encontraríamos guanacos nem avestruzes, a não ser por mero acaso, mais ao sul, e com todos os nossos outros mantimentos esgotados, agora nossa alimentação dependia exclusivamente da caça.

Pela manhã, dois comerciantes passaram por nosso acampamento. Ficamos encantados ao descobrir que tinham um pequeno saco de pão que estavam levando para os índios. Eles nos venderam vinte pães pequenos, cada um do tamanho de um pãozinho francês, por cinco libras. Saíram ganhando na negociação: o pão estava meio mofado e, dificilmente, comestível, além de tão pesado que nem mesmo o estômago de um avestruz poderia digeri-lo impunemente.

Famintos como estávamos, preferimos dar os pães aos cachorros, que demonstraram bom senso ao torcer o nariz para ele; e a menos que as raposas tenham se arriscado a experimentá-los depois da nossa partida, esses pãezinhos caros podem ainda estar lá, fossilizados nos pampas da Patagônia.

Naquele dia, todos nós saímos para caçar guanacos, sem sucesso. I'Aria conseguiu capturar um filhote com seu cachorro, e o Sr. B. abateu um; porém, como ele o matou a cerca de trinta quilômetros de nosso acampamento, só pôde trazer a cabeça e os dois lados, não ousando sobrecarregar seu cavalo cansado com mais peso.

Todavia, precisávamos obter carne de alguma forma, então, no dia seguinte, enquanto os outros seguiam pela trilha com os cavalos de carga, meu marido, o Sr. B., Gregório e eu saímos para caçar novamente, com a intenção de alcançá-los antes do anoitecer. Cavalgamos por várias horas em direção a Cabo Gregório, mas embora tenhamos visto vários avestruzes, eles levantaram voo muito agitados, e persegui-los estava fora de questão. Quanto aos guanacos, não avistamos nenhum sequer.

Isso era muito desanimador; se não conseguíssemos caçar nem um animal ali, seria ainda mais improvável que conseguíssemos fazê-lo mais adiante. Nossos companheiros contavam com nossos esforços, e juntar-se a eles de mãos vazias já seria suficientemente irritante do ponto de vista de um esportista, além da questão séria e prática de que dificilmente poderíamos prosseguir até Sandy Point, que ficava a uma marcha de três dias, sem comida. Então continuamos cavalgando em direção ao Cabo Gregório, na esperança de ainda conseguirmos encontrar algo. Logo avistamos alguns guanacos pastando na base de um morro, e enquanto Gregório foi atrás de uma avestruz que saltou naquele momento, nós três esporeamos nossos cavalos e, separando-nos para atrair o mínimo de atenção possível, cavalgamos em direção a eles.

Logo perdi meus companheiros de vista, que desapareceram em alguns dos muitos desfiladeiros, que levavam ao vale, onde os guanacos estavam pastando. Rezando fervorosamente para que um de nós tivesse sucesso, me apressei. Quando entrei no vale, para minha decepção, vi que os guanacos, já cientes do perigo, estavam se movendo lentamente pelo vale, não muito longe de onde eu estava, mas ainda além do alcance do meu rifle.

O Sr. B., que estava bem longe à esquerda, estava muito mais próximo deles, e meu marido estava em uma posição semelhante à direita. Conforme nos aproximávamos, os guanacos trotavam entre as colinas e desapareciam. Não tínhamos outra opção a não ser segui-los, adentrando ao conjunto de colinas por diferentes pontos, pois o rebanho provavelmente se dispersaria assim que nos aproximássemos.

Eu os encontrei repentinamente e, como havia suposto, todos eles se dispersaram em direções diferentes. Disparei um tiro contra um deles, em movimento, mas errei, e, em seguida, ouvi disparos ao meu lado, indicando que os outros também haviam atirado. Logo depois, meu marido se juntou a mim, também sem sucesso, mas o Sr. B. não apareceu, e começamos a ter esperança de que ele pudesse ter matado algo. Nós o vimos galopando em alta velocidade na direção de uma colina distante, perseguindo um guanaco que, sem dúvida, estava ferido, mas que parecia seguir valente demais para que pudéssemos esperar que Sr. B. o alcançasse. Esperamos algum tempo e, como ele não reapareceu, descemos ao vale para procurar Gregório. Logo o avistamos e, infelizmente, ele também estava de mãos vazias. A situação começava a ficar séria.

O dia estava quase acabando, e alcançar os companheiros em nossos cavalos exaustos seria uma tarefa árdua, a menos que começássemos imediatamente. Portanto, fomos obrigados a perder qualquer esperança em capturar algum guanaco naquele dia, com o único consolo de que a prolongada ausência do Sr. B. pudesse indicar que ele tivera mais sorte do que nós.

Esperamos por ele um pouco, mas como não chegou, sabendo que ele poderia encontrar o caminho até o acampamento, seguimos em frente, acendendo fogueiras em intervalos do percurso para indicar nossa localização. Nossos cavalos estavam tão cansados que mal conseguíamos fazê-los trotar, e, para nosso desespero, percebemos que estava escurecendo. O céu tinha estado nublado o dia todo, e sem o sol não tínhamos ideia do horário, resultando em duas ou três horas de erro em nossos cálculos. É fácil supor o horário com uma margem em torno de meia hora, em circunstâncias normais, mas a emoção das nossas várias perseguições aos guanacos e avestruzes nos absorvera tanto que as horas passaram despercebidas. Assim, nos deparamos com o desconfortável fato de que, sendo completamente impossível alcançar os outros, teríamos que dormir ao ar livre e, a menos que o Sr. B. tivesse matado seu guanaco, passaríamos a noite sem jantar.

O desconforto dessa contingência, que já seria desagradável em qualquer ocasião, ficou ainda maior com a perspectiva de também ficarmos encharcados, pois o aspecto do céu era muito ameaçador, e estava totalmente em consonância com a sorte do nosso dia que houvesse uma chuva intensa durante a noite.

Não havia absolutamente nada a fazer além de resignarmo-nos ao inevitável, da maneira mais animada possível. Então, desmontamos e retiramos as selas dos nossos cavalos, prendendo-os cuidadosamente a alguns arbustos para que não se afastassem durante a noite, e então nos sentamos para esperar a chegada do Sr. B. As numerosas fogueiras que acendemos no caminho nos deixaram bastante confiantes de que ele seria capaz de nos encontrar. Contudo, foi ficando cada vez mais escuro, a fome se tornando mais intensa, e, ainda assim, ele não chegava. O que poderia ter acontecido? "Certamente ele capturou o guanaco, ou desistiu da perseguição há horas. – Talvez ele tenha sofrido algum acidente! – Isso é impossível!" Com essas e outras reflexões, fomos enganando a ansiedade, esperando contra todas as esperanças que, em breve, uma costela suculenta de guanaco estaria assando na fogueira crepitante que acendemos em precipitada antecipação de sua chegada. Mas o tempo passava; já mal conseguíamos distinguir os arbustos ao longe, as colinas desapareciam completamente na escuridão, e nosso companheiro desaparecido não chegava.

Forçamos nossos olhos até quase ficarmos cegos espreitando a escuridão, e, então, sentamo-nos em silêncio, aguçando os ouvidos para captar o menor sinal de passos se aproximando; mas nossas esperanças foram gradualmente desvanecendo, e, no final, fomos obrigados a abandoná-las por completo. Felizmente, Gregório encontrou um pequeno pedaço de carne de guanaco em um de seus alforjes, que cozinhamos e comemos, sendo apenas uma pequena porção para cada um de nós. Misturadas aos nossos pesares pelo jejum forçado, havia especulações sobre o que estaria fazendo o Sr. B. naquele momento. Será que ele tinha matado o guanaco e (pensamento horrível!) estaria, naquele exato momento, assando sua cabeça nas cinzas? Ou estaria ele em uma situação pior do que a nossa – sem jantar e sem companhia? Nossos pensamentos voltaram-se para o outro grupo, que certamente estaria ansioso para saber o que poderia ter acontecido conosco. Não dormi bem aquela noite, nem meus companheiros, como se pode imaginar. Logo ao amanhecer, os cachorros começaram a latir; ouvimos um ruído entre os arbustos, e o Sr. B. apareceu montado, com uma expressão ávida e faminta no rosto, o que não parecia ser um bom sinal. "Vocês têm algo para comer?" foram suas primeiras palavras, e nossa resposta desesperançosa: "Meu Deus! Você não tem?"

Nossas expressões ficaram mais sérias e desconsoladas do que nunca, porque as expectativas de um bom café da manhã, que nos sustentaram até então, foram impiedosamente despedaçadas de ambos os lados.

Não havia outra opção senão imediatamente selar e montar nossos cavalos para encontrarmos nossos companheiros. No caminho, o Sr. B. nos contou como tinha seguido o guanaco ferido até que seu cavalo não pudesse mais se mover, e como nós, tendo sido alcançado pela escuridão, fora obrigado a parar onde estava até o dia raiar.

Após várias horas de cavalgada, chegamos ao local, onde os outros estavam acampados, e os encontramos muito alarmados com nossa prolongada ausência, embora eles tivessem naturalmente suposto que tínhamos nos afastado do nosso caminho pela perseguição. Sem perda de tempo fizemos uma refeição farta com o que restava da carne de guanaco, e, uma vez terminada, não havia mais comida de qualquer tipo no acampamento.

CAPÍTULO XX

Cavalos perdidos – Perspectivas desfavoráveis – Encontrados – Rações reduzidas – Uma estranha perseguição – Perseguição implacável – Mistério resolvido – "Cabeza del Mar" – Travessia segura – Uma noite molhada – Cabo Negro novamente

No próximo dia, tínhamos uma cavalgada curta a fazer, e já era quase meio-dia quando I'Aria partiu para sua habitual tarefa matinal de conduzir os cavalos.

À noite, como confiamos que não se afastem muito, os cavalos são soltos após serem desarreados. Na verdade, nenhum outro método seria prático, pois se fossem mantidos amarrados durante a noite, não poderiam pastar e logo se tornariam inúteis. Como todos seguem a égua-guia, temos sempre certeza de encontrá-los juntos, mesmo que se afastem cinco ou seis quilômetros durante a noite, o que, embora ocasionalmente ocorra, é excepcional. No entanto, essa necessidade de deixar os cavalos livres pode causar consideráveis inconvenientes e, possivelmente, levar a dilemas muito sérios, como tivemos a oportunidade de descobrir às custas de alguma ansiedade e um dia de trabalho árduo.

Depois de l'Aria ter se ausentado por cerca de uma hora, começamos a nos perguntar sobre sua prolongada ausência. Mas como havia soprado um vento forte durante a noite, era bastante provável, como sugeriu Gregório, que os cavalos tivessem se afastado em busca de um vale abrigado. Porém, passou-se mais uma hora e l'Aria ainda não tinha voltado. Então, Guillaume e François partiram então em diferentes direções para continuar a busca, combinando acender uma fogueira caso um deles avistasse os cavalos.

Nesse meio tempo, ficamos entregues a reflexões muito desagradáveis, embora ainda não tivéssemos motivos concretos para temer o pior. Ficamos atentos, ansiosos pelos primeiros sinais de fumaça, especialmente, na direção em que l'Aria tinha ido, pois ele já deveria ter percorrido oito ou nove quilômetros, no tempo em que estava ausente. Para nosso desespero, ele logo apareceu, muito cansado e com os pés machucados, sem ter visto nenhum sinal dos cavalos em lugar algum. As coisas começaram a ficar realmente sérias, mas ainda nos consolávamos com a esperança de que François ou Guillaume tivessem mais sucesso. Mas eles também retornaram depois de um tempo com a mesma triste história.

A situação parecia sombria; inúmeras suposições foram feitas sobre o que poderia ter acontecido com os cavalos. I'Aria disse que havia "cortado a trilha" no lado que percorreu, sem sucesso, e Guillaume e François fizeram o mesmo. Era claro que a única direção que os cavalos poderiam ter tomado era a planície nos fundos do nosso acampamento, embora fosse difícil entender o que poderia tê-los levado a deixar a pastagem do vale pelas estéreis terras altas. Não havia nada a fazer, além de imediatamente procurá-los naquela direção, embora as nossas chances de encontrá-los parecessem muito pequenas. Caso não os encontrássemos, teríamos que completar o restante de nossa viagem até Sandy Point a pé. Havíamos comido nossa última porção de carne de guanaco naquela manhã, então, uma caminhada de quatro dias de estômago vazio, além de desagradável, era uma questão se teríamos capacidade para realizá-la. É verdade que poderíamos encontrar algum comerciante pelo caminho, de quem poderíamos obter mantimentos; por outro lado, talvez não tivéssemos tanta sorte; e, com base no princípio de que nunca chove, mas quando chove é um dilúvio, tínhamos razão em considerar a última possibilidade como a mais provável.

Iniciamos nossa tarefa, portanto, sem nenhum ânimo. Deixando Storer no acampamento, todos seguimos para a planície e partimos em direções variadas para as colinas distantes que a delimitam. Uma fogueira, caso algum de nós tivesse sucesso, deveria imediatamente comunicar a notícia aos outros.

Com meus olhos fixos no chão, examinando-o ansiosamente em busca de qualquer vestígio de marca de casco, eu caminhava lentamente, ocasionalmente lançando um olhar sobre a planície, na esperança de ver a coluna de fumaça se elevar no ar. Mas o tempo passou, e minhas esperanças de sucesso foram diminuindo cada vez mais. Gregório havia expressado o receio de que os cavalos tivessem tomado a trilha indígena para Sandy Point; e seguindo-a, tivessem partido em trote para Cabo Negro, onde estavam "em casa" ou "aquerenciados", como dizem os nativos. A possibilidade de terem feito isso se tornou cada vez mais uma probabilidade, à medida que as horas passavam e eu estava apenas na metade da planície, ainda sem vestígios dos objetos da minha busca. De fato, parecia inútil continuar avançando cada vez mais, e instintivamente parei e virei à esquerda, observando que ali a planície terminava em uma região montanhosa, onde, embora I'Aria tivesse nos assegurado que havia procurado, certamente parecia mais provável que os cavalos estivessem, supondo que não tivessem ido para Sandy Point.

Foi uma feliz intuição a minha; eu não tinha percorrido nem seis metros por um desfiladeiro gramado antes de, pegando uma curva acentuada, deparar-me, subitamente, com todo o grupo pastando tranquilamente à vontade, em total indiferença ao problema e à ansiedade que causaram a meia dúzia de seres humanos, nas últimas cinco ou seis horas. Meu primeiro passo foi lançar alguns palitos de fósforo acesos na grama seca e longa, e deixar que fizessem seu trabalho, e, depois, com paciência e astúcia, consegui persuadir um dos cavalos mais dóceis a permitir que eu colocasse meu braço em volta de seu pescoço e o capturasse. Improvisando uma espécie de bridão com meu lenço, montei e, juntando os cavalos, conduzi os, em direção ao acampamento, orgulhosa e exaltada pelo meu feito, que se devia mais à sorte do que à habilidade, pois se tivesse seguido o plano de busca que havíamos combinado, quem sabe qual teria sido o resultado. Enquanto isso, os palitos de fósforo surtiram o efeito desejado; impulsionado pela brisa, o fogo se espalhou rapidamente e, em breve, o desfiladeiro estava em chamas em toda a sua extensão. Uma coluna imponente de fumaça se elevando ao céu, certamente, trazendo um alívio intenso aos corações dos meus companheiros, que ainda estavam labutando pelas planícies.

Logo cheguei ao acampamento com meus cavalos e fiquei grata por poder deitar e descansar após meus esforços. Um por um, os outros foram chegando, e, como se pode imaginar, todos estávamos igualmente entusiasmados com um desfecho tão favorável a um contratempo que poderia ter tido as mais sérias consequências – justamente às vésperas do término de uma viagem sem incidentes perigosos.

Já era tarde demais para partir naquele momento, então, passamos o resto do dia tentando caçar alguns patos para o jantar. Satisfeitos por reencontrarmos nossos cavalos, não estávamos inclinados a resmungar por dificuldades menores e, alegremente, portanto, nos empenhamos em fazer um bom jantar com um par de patos pequenos, que foi tudo o que conseguimos matar – como era de se esperar de oito pessoas famintas.

Na manhã seguinte, após uma xícara de café, apertamos nossos cintos um pouco mais e partimos, mantendo um olhar atento para a remota possibilidade de um avestruz chegar perto o suficiente para ser abatido. Todavia, durante toda a marcha daquele dia, nem um animal e nem uma ave, exceto por uma raposa ou outra, apareceu. E à medida que nossos apetites, que mantivemos sob relativo controle durante o dia, começaram a se manifestar ruidosamente ao entardecer, o espírito que reinava entre nós estava longe de ser animado.

Discutíamos a remota probabilidade de encontrarmos um comerciante indígena antes de chegarmos à Colônia, quando de repente avistamos um homem montado em nossa direção, conduzindo dois cavalos à sua frente. Com um grito unânime de alegria, todos galopamos para encontrar esse estranho bem-vindo, cujos mantimentos pretendíamos saquear de forma amigável, mas extensiva. No entanto, para nossa surpresa, ao nos avistar, ele parou bruscamente seu cavalo, hesitou por um momento e, então, fugiu pelos pampas. Sem parar para perguntar qual seria o motivo de um comportamento tão extraordinário e vendo apenas que nossa chance de jantar estava desaparecendo tão rápido quanto quatro pernas poderiam levá-la, todos acionamos as esporas de nossos cavalos e galopamos atrás dele, com a mesma presteza que ele havia demonstrado. Quanto mais rápido íamos, mais ele instigava seu cavalo, olhando ocasionalmente para trás em estado de evidente terror. Por cerca de cinco minutos, essa perseguição estranha continuou, sem que perseguido ou perseguidores ganhassem terreno sobre o outro, mas, então, gradualmente, nos aproximamos de nossa presa, cujo cavalo já começava a mostrar sinais de cansaço. Logo estávamos ao alcance da voz e pedimos em alto e bom som para que parasse, dizendo que éramos amigos.

Se ele nos ouviu ou não, não sei dizer, mas a consequência de nossos gritos foi que ele redobrou seus esforços e, por um tempo, a perseguição novamente se tornou incerta.

Mas não iríamos desistir; a curiosidade em saber os motivos para que o homem fugisse de nós como se fôssemos feras selvagens, combinada com um desejo igualmente forte de obter algumas provisões dos alforjes amplamente cheios, que deslizavam à nossa frente, mantinha-nos focados em nossa missão, e sentíamos que deveríamos seguir esse estranho alvo até que nossos cavalos desfalecessem. O esforço que ele havia feito logo se dissipou e, então, nos aproximamos novamente, loucos de empolgação e soltando alguns gritos estridentes, que agora pensando sobre isso, podem ter aumentado a situação de terror do pobre homem.

Porém tudo tem um fim, até mesmo uma perseguição implacável, e logo Gregório estava a nove ou dez metros do desconhecido. "Pare amigo, sou Gregório", ele chamou várias vezes no idioma local, e, finalmente, sentindo a mão de Gregório em seu ombro, o homem parou. Em um segundo ou dois, todos nós nos aproximamos, resfolegantes pela corrida. O homem, com quem Gregório agora conversava rapidamente em espanhol, parecia muito pálido e assustado de início, mas, aos poucos, a expressão em seu rosto se iluminou enquanto ouvia as explicações de Gregório e, eventualmente, até começou a sorrir.

Enquanto isso, ansiosos para descobrir a solução do mistério, pressionamos Gregório para que resolvesse o caso. Parece que o homem era um condenado, que havia escapado de Sandy Point dois dias antes e, tendo "requisitado" dois cavalos do governo, estava a caminho do rio Santa Cruz, do outro lado do qual estaria livre. Quando nos viu chegando, ele foi tomado por um pânico repentino, pensando que poderíamos querer capturá-lo, e galopou para longe, resultando no que sabemos.

É claro que não poderíamos pedir nenhuma das suas provisões, pois ele precisaria delas muito mais do que nós; então, depois de trocar algumas palavras com ele, o deixamos e fomos encontrar Storer, que havia ficado para trás com os cavalos, enquanto estávamos ocupados em nossa caça ao tesouro.

O incidente nos forneceu assunto para conversa por um tempo, mas não demorou muito para voltarmos ao tema mais importante: comida. Estávamos todos realmente fracos de fome, e nossas perspectivas de conseguir algo nas próximas trinta e seis horas eram ínfimas.

Nosso objetivo naquela noite era a "Cabeza del Mar", um braço de mar que adentra por um pedaço do continente e que, em determinado ponto, pode ser atravessado a pé durante a maré baixa, desde que o vento não esteja soprando fortemente na direção contrária. Conforme cavalgávamos, conseguimos vislumbrar o mar – uma visão reconfortante, e esquecendo nossa fome por um momento, soltamos um grito alto de alegria.

Por volta das sete horas, quando estava escurecendo, chegamos à "Cabeza del Mar". Descobrimos que não poderíamos atravessá-la por quatro ou cinco horas e como estávamos ansiosos para chegar a Cabo Negro o mais rápido possível, a fim de saciar nossa prolongada fome, decidimos atravessar aquela noite em vez de esperar até a manhã seguinte. Após descarregar os cavalos, nos sentamos perto do fogo e preparamos café com as últimas colheradas que restavam daquele conforto, e depois de bebê-lo, não nos restou nada além de esperar e sonhar com a refeição que pretendíamos devorar na primeira oportunidade.

Tentamos tirar uma soneca, mas poucos de nós conseguiram fazê-lo, pois a fome nos mantinha acordados, e, assim, as horas passaram lentamente, enquanto sentávamos e esperávamos a maré subir. Para aumentar o desconforto de nossa situação, o céu se cobriu e a chuva começou a cair, e a noite ficou tão escura que chegamos a pensar que não conseguiríamos atravessar.

Entretanto, chegou o momento em que achamos que a maré estaria propícia, e fomos até a água inspecionar as condições. Ocasionalmente, um feixe de lua rompendo entre as densas nuvens de chuva nos permitia vislumbrar as rochas no meio da água; e nossos guias puderam assim julgar o momento certo de fazer a tentativa. Havia, como eles disseram, a possibilidade de a água não estar baixa o suficiente para nos permitir atravessar sem nos molharmos mais ou menos. Além disso, na escuridão, o líder poderia se perder no caminho, e um passo em falso nos levaria a um leito rochoso, onde poderíamos nos debater sem esperança, e, muito provavelmente, sermos jogados para fora dos cavalos, e Deus sabe mais o quê.

Essas considerações nos deixaram um tanto inseguros quando chegou o momento de nos arriscarmos às possibilidades, que poderiam nos aguardar na massa escura de água a qual fluía rapidamente por nós, e se não fossem as dores agudas da fome, certamente, teríamos adiado a tentativa até o dia amanhecer. Mas não havia tempo a perder, então, seguindo em uma fila única atrás de I>Aria, que atuava como guia, partimos – os outros cavalos, com Guillaume e Gregório conduzindo-os, seguindo-nos.

Durante alguns instantes, houve muita agitação no mar e gritaria, devido à resistência dos cavalos em entrar na água; mas logo todos eles estavam seguindo bem seu caminho. Então, alguns segundos de silêncio, à medida que adentrávamos em águas mais profundas, cada um seguindo cautelosamente seu líder, para poder recuar a tempo caso o líder encontrasse dificuldades. De repente, I'Aria deu um grito, e através da escuridão pudemos vê-lo se debatendo, seu cavalo claramente perdendo o apoio. Depois de se debater por alguns segundos, ele se recuperou, nos avisou para seguirmos mais à esquerda e continuou o caminho. A água, agora, chegava aos nossos joelhos, e a cada passo ficava mais profunda, mas felizmente nossos cavalos ainda mantinham o equilíbrio. Logo o pior tinha passado e alcançamos a margem sem nenhum contratempo.

Todos os cães tinham ficado do outro lado, uivando e latindo em um concerto sombrio, à medida que nos viam deixando-os para trás; mas assim que nos viram subir na planície, eles mergulharam na água e nadaram até nós.

Depois de contar os cavalos e examinar suas cargas, que assim como nós também estavam encharcadas, continuamos nossa jornada, com a intenção de cavalgar a noite toda para chegar a Cabo Negro pela manhã, uma vez que agora estávamos realmente desesperados de fome.

Por um tempo, apesar da escuridão intensa, conseguimos seguir em frente razoavelmente bem, mas logo percebemos que, de alguma forma, havíamos saído da trilha e

Travessia de Cabeza del Mare

tivemos que parar, enquanto os guias tateavam na escuridão procurando o caminho correto. Em seguida, depois de retomarmos a trilha, os cavalos se assustaram com uma grande pedra branca que estava no caminho e saíram em disparada por todos os lados, o que, é claro, exigiu reunir todos novamente – uma tarefa que nos atrasou por quase uma hora.

Afora esses contratempos, nosso progresso era necessariamente lento devido à escuridão, e, finalmente, chegamos à conclusão de que seria melhor parar onde estávamos e prosseguir ao alvorecer. Agindo com essa determinação, imediatamente desensarilhamos os cavalos e, cansados demais para montar as barracas, nos enrolamos em nossas peles e dormimos, ou tentamos dormir, até de manhã. Acho que foi a noite mais desagradável de toda a viagem. Famintos, encharcados e com frio! Eu não conseguia descansar, embora estivesse tão cansada e esgotada quanto poderia estar. O chão, onde acampamos, também era pedregoso e cheio de ondulações, e, quando, ao primeiro sinal do amanhecer, saí das minhas peles, meus ossos estavam tão rígidos que mal conseguia me mover, assim como meus companheiros estavam todos em uma situação igualmente ruim.

Apesar de tudo, estávamos de bom humor. Quatro horas de cavalgada nos levariam até a mata de Cabo Negro, onde encontraríamos comida em abundância. Nunca os cavalos foram encilhados e carregados tão rapidamente como naquela manhã; dentro de meia hora, desde o início das operações, já estávamos galopando ao longo da trilha.

Escalando o topo de uma íngreme colina, avistamos a paisagem familiar, o estreito e as Cordilheiras, e não muito longe os trechos escuros de bosques de faia ao redor de Cabo Negro. Aninhando-se entre eles, a pequena casa da fazenda, onde planejávamos fazer um determinado ataque aos mantimentos.

Meu irmão e o Sr. B. seguiram à frente para ter algo pronto quando chegássemos. Após duas ou três horas de cavalgada rápida, eles chegaram à casa da fazenda e, sem dizer uma palavra, correram para a cozinha e devoraram completamente o que seria o café da manhã do agricultor e de sua família. O agricultor apareceu na cena quando eles engoliam o último bocado, e, aparentemente, acostumado a visitas estranhas desse tipo, parecia menos surpreso do que se poderia imaginar ao ver dois homens sujos e selvagens sentados em sua cozinha sem terem sido convidados, e que haviam, calmamente, consumido a refeição matinal de uma casa inteira.

Satisfeitas suas necessidades imediatas, eles se aplicaram em atender às nossas; e de maneira tão eficaz que, quando chegamos ao nosso antigo acampamento sob as faias de Cabo Negro, encontramos uma boa fogueira já crepitando, meio carneiro pendurado em uma árvore, pronto para assar, e tantos mantimentos, como pães, ovos e outros alimentos que fizeram nossos olhos brilharem e nossas bocas s encherem de água. Não é preciso dizer como nos fartamos. Acredito que muito pouco daquele meio carneiro tenha sobrado para ser aquecido no jantar, e a maioria dos outros mantimentos teve um destino semelhante e rápido.

CAPÍTULO XXI

Cabo Negro – Notícias de casa – De volta à civilização – Nossa desonrosa aparência – Desaparecimento de Pucho – A chegada de Pucho – Características de Pucho – A caminho de casa – Retrospectiva – Fim

Ainda tínhamos três dias de espera até a chegada do vapor, e como não gostávamos nem um pouco da ideia de ter que passar esse tempo em Sandy Point, resolvemos permanecer em Cabo Negro por mais dois dias, e só nos dirigirmos à colônia a tempo de acertar as contas com nossos guias e nos apresentarmos de forma um pouco mais civilizada antes de embarcar.

Como estávamos naturalmente ansiosos para pegar nossa correspondência, meu irmão cavalgou até Sandy Point para buscá-la. Ele retornou trazendo uma sacola cheia de cartas e jornais, e dedicamos uma tarde inteira à leitura e à discussão de seu conteúdo. Essas cartas pareciam nos trazer de volta ao mundo, ao mundo e às suas responsabilidades, dores e prazeres, que até o dia anterior, pareciam tão longínquos como se tivéssemos deixado a Terra e estivéssemos vivendo em algum outro planeta.

Quantas coisas pareciam ter acontecido enquanto estivemos fora e como o interesse nesses eventos estava ampliado, ao ouvirmos sobre eles a milhares de quilômetros de casa, após uma ausência tão longa! Ocorrências que, no burburinho e ruído da existência comum, dificilmente teriam despertado mais do que algumas exclamações de surpresa ou mal um pensamento passageiro, agora pareciam assumir importantes proporções e eram discutidas interminavelmente e com aguçado interesse.

Havia uma carta do guarda-caça, contando, com uma prolixidade infindável, como ele havia surpreendido habilmente, em flagrante delito, o homem de quem ele há muito tempo e tão sabiamente suspeitava de caça ilegal; como, apesar de todos os cuidados dele, o inverno rigoroso havia sido demais para um favorito setter[1] idoso; e que, graças aos seus esforços, quantos faisões extraordinários havia nos bosques etc. Outra carta, do encarregado do estábulo, trazia notícias semelhantes de seu departamento; documentos extensos do agente, relatando como um inquilino não conseguia pagar seu aluguel; como outro se recusava, mesmo podendo pagar; como um conjunto de chalés precisava de reparos e como seria vantajoso para a propriedade construir um novo conjunto; a particularidade de todas essas cartas era a predominância de más notícias sobre as boas.

Também havia cartas contando como A. havia se casado "com a última mulher que alguém poderia imaginar"; como B. havia se divorciado, "e não é de se admirar, era perceptível"; como C. havia ido caçar grandes animais nas Montanhas Rochosas; como D. havia simplesmente se suicidado; e assim por diante. Cada detalhe trivial nos proporcionava fofocas prolongadas, um luxo que, desde nossa partida para as planícies, havia nos faltado tão significativamente. Apenas quando não podemos nos deliciar com isso é que percebemos a relevância dos mexericos e da conversa fiada sobre a vida comum nas conversas em geral.

Havia também vários jornais em nosso pacote, e devoramos as notícias de três meses antes com a mesma avidez e entusiasmo com que havíamos lido as cartas.

Aquele dia passou, e o próximo, e, então, chegou a hora de montarmos novamente e irmos para Sandy Point. Como podem imaginar, dessa vez não seguimos devagar atrás dos cavalos de carga. Deixando-os sob os cuidados dos guias, para que seguissem no seu ritmo, galopamos sozinhos, alegres, ao longo do familiar caminho à beira do estreito.

À medida que avistávamos as cabanas de Sandy Point, começamos a perceber que, finalmente, estávamos voltando à civilização e, prospectivamente, à Inglaterra, e já fazíamos planos do que faríamos ao chegar em casa. Restava apenas mais uma noite antes de colocarmos os pés no navio a vapor, que nos levaria de volta ao mundo; mas estávamos tão impacientes que mesmo esse curto período parecia longo demais, e nos perguntávamos se ele terminaria.

Logo estávamos trotando pelas ruas de Sandy Point; e, ao chegarmos à casa de Pedro, descemos dos cavalos e nos encontramos sob um teto novamente. Pedro, informado de nossa chegada, havia preparado o café da manhã para nós, e, sem mais delongas, sentamo-nos para comê-lo. Manuseamos nossos talheres de forma bastante desajeitada no início; era quase um esforço comer de maneira civilizada e, acostumados ultimamente a fazer nossas refeições em posição de repouso, não nos sentimos muito confortáveis em cadeiras. Pela primeira vez, escamas caíram de nossos olhos, a visão da toalha de mesa limpa e do cômodo arrumado nos fez perceber nossa própria aparência, e tivemos o privilégio invejável de nos vermos como os outros nos viam. A visão certamente não era palatável.

Nossa aparência e vestimentas não estavam fora de sintonia com a vida que levamos nos pampas, mas, cercados por limpeza e civilização, elas eram decididamente inapropriadas. Tínhamos feito nossas abluções tantas vezes e tão completamente quanto as circunstâncias permitiam, mas elas não permitiam muito. Os homens do nosso grupo, em particular, eram desagradáveis de se olhar. Seus cabelos haviam crescido longos e desalinhados; seus rostos estavam bronzeados em um tom vermelho escuro, enegrecidos pela poeira e a fumaça das fogueiras do acampamento; e seus queixos barbudos estavam desfigurados por um crescimento profuso de pelos grossos. Nossas roupas não resistiam a uma inspeção minuciosa: o sangue de muitos guanacos, a gordura de muitos jantares de avestruz, os espinhos de muitos arbustos de califate haviam deixado suas marcas. No geral, seria difícil imaginar um grupo mais delinquente e desonroso do que aparentávamos ser. Contudo, água quente, sabão, lâminas de barbear e uma troca de roupas fizeram maravilhas; e quando, após várias horas de trabalho árduo, encontramo-nos novamente, mal conseguimos nos reconhecer.

Passamos o dia acertando as contas com os guias e empacotando nossos poucos pertences em antecipação à chegada do navio na manhã seguinte.

Sentindo-me cansada, fui dormir cedo, mas não fui agraciada com o conforto que esperava ao deitar-me entre lençóis; o colchão macio com lençóis frescos, ao invés de convidar o sono, parecia afugentá-lo.

Senti-me um pouco inclinada a levantar e dormir no chão. No entanto, meus olhos finalmente se fecharam; e de um sonho, no qual eu estava novamente perseguindo o avestruz à vista das memoráveis Agulhas de Cleópatra. Fui despertada pelo Sr. Dunsmuir batendo na minha porta, dizendo-me que o vapor havia chegado e que era hora de partir. Pulei da cama, vesti-me às pressas e encontrei todos prontos para o embarque. As bagagens já haviam sido colocadas em um barco, e não havia mais nada a fazer além de nos despedirmos dos nossos guias e caminharmos até o cais para embarcar.

Tive apenas um arrependimento ao deixar Sandy Point. No dia em que chegamos a Cabo Negro, um de nossos cachorros, chamado "Pucho", que era meu favorito e que eu queria levar comigo para a Inglaterra, desapareceu de repente. Pucho, um cão peculiar, tinha se juntado a nós em circunstâncias também peculiares em nosso acampamento em Laguna Larga. Estávamos tranquilamente sentados, ao redor da fogueira, após o jantar, quando de repente os cachorros pularam e começaram a latir furiosamente para algum inimigo invisível. Levantamo-nos e espiamos na penumbra, mas não conseguimos ver nada, embora fosse evidente que algo estivesse ali, pois os rosnados dos cães aumentavam a cada instante, com seriedade e fúria.

"Um puma!" alguém sugeriu, mas nossos cavalos estavam pastando tranquilamente, então, não poderia ser um puma. "Um índio, ou algum comerciante, talvez!" foi outra suposição igualmente infundada. O que poderia ser?

Como se para resolver o mistério de uma vez, todos os cachorros correram juntos, e por alguns momentos pudemos ouvir um atemorizante rosnado e rugido à distância, que foi se aproximando cada vez mais, até a causa da comoção ser explicada. Cercado por nossos cães, que não lhe davam uma recepção nada amigável, um cachorro estranho caminhou lentamente em direção à fogueira do acampamento. Ele mantinha o rabo entre as pernas, parecendo meio humilde, meio desafiador, implorando por permissão para entrar em nosso círculo. No entanto, seu comportamento humilde se referia somente a nós, porque a maneira desafiadora com que, ocasionalmente, mostrava seus dentes brancos e ia para cima de nossos cachorros sempre que eles se aproximavam demais, mostrava que pouco se importava com eles. Nós o chamamos em tom amigável e isso definiu sua atitude de uma vez por todas. Ele se virou, fez um ataque feroz a um ou dois de seus atormentadores e, em seguida, caminhou calmamente para a fogueira, esticando-se sem pressa depois de encontrar o lugar mais confortável, e deitou-se com a cabeça apoiada em suas patas cruzadas, aparentemente tão à vontade como se nos conhecesse a vida toda.

Aventurei-me a acariciá-lo, mas meus avanços foram recebidos de maneira extremamente hostil e, considerando sua condição de estrangeiro excluído, foi, audaciosamente, impertinente, atacando-me agressivamente. Porém, desde o início, "Pucho", como o chamamos, deixou claro que se recusava a ser tratado com condescendência. Ele se juntou a nós, deu a entender, não por permissão, não como um suplicante por nossos favores, nem mesmo como um convidado, mas como um igual; status reivindicado apenas em relação a nós, uma vez que continuou ignorando completamente os outros cães, embora estivesse disposto, como se viu, posteriormente, a se beneficiar de seus bons serviços.

Pucho parecia reluzente e gordo, o que nos levou a pensar muito em suas habilidades para a caça, já que não é nada fácil para um cachorro perseguir um guanaco sozinho, e a maioria dos cães que perde seu dono, como claramente era o caso dele, logo morre de fome. Por isso, nos congratulamos com sua chegada, esperando que pudesse ajudar nossos cachorros na caçada. Mas havíamos subestimado nosso anfitrião. No dia seguinte, durante a marcha, um guanaco foi avistado perto de nós. Era a hora. "Choo! choo! Pucho!" gritamos, esperando vê-lo correr como uma flecha atrás do guanaco.

Entretanto, nada poderia estar mais distante de seus pensamentos. Ele olhou primeiro para nós, depois para o guanaco por um momento, não sem interesse, mas certamente sem a menor inclinação para uma demonstração hostil. Em seguida, com outro olhar para nós, que falava tão claramente quanto as palavras poderiam dizer: "Bem, aquilo ali é um guanaco, sem dúvida, mas e daí?", ele, simplesmente, seguiu trotando calmamente. Ficamos muito irritados ao ver nossas esperanças frustradas, além de surpresos com seu comportamento extraordinário; mas Gregório, dando ao cachorro o benefício da dúvida, disse que talvez ele tivesse sido treinado apenas para perseguir avestruzes, já que os índios frequentemente ensinam seus cachorros a fazê-lo. Isso parecia bastante plausível, e nossa confiança em Pucho foi momentaneamente restaurada. Logo, em seguida, um avestruz levantou voo. Agora sim: "Choo! choo! Pucho!" foi novamente o grito emocionado. Todos os outros cães saíram voando atrás da ave, e Pucho os seguiu, apenas trotando, e, aparentemente, só para observar o comportamento dos outros cachorros, porque logo parou e contentou-se em observar a perseguição até que ela desaparecesse de vista. Então, ele voltou tranquilamente para seu posto habitual atrás do meu cavalo. Todos ficaram enfurecidos com ele; Francisco sugeriu que, sendo um "boca inútil", Pucho deveria ser acertado na cabeça com as bolas; mas eu não pude concordar com isso, e a vida de Pucho foi poupada.

Desta forma, ele permaneceu conosco, e tive amplas oportunidades de estudar seu caráter peculiar. Como no primeiro dia, assim ele continuou. Embora, geralmente, estivesse por perto quando ocorria uma distribuição dos despojos, ele nunca ajudou os outros cães na perseguição. Isso não era resultado de incapacidade ou falta de rapidez, mas sim de um senso de sua própria dignidade superior, o que foi comprovado quando o vimos perseguir e pegar uma raposa, algo que nenhum dos outros cachorros era capaz de fazer.

Entre outras peculiaridades, tinha o hábito de desaparecer misteriosamente se a marcha do dia fosse muito longa. "Onde está Pucho?" era uma pergunta frequente, e "Graças a Deus, ele finalmente foi embora!" era uma exclamação constantemente ouvida nessas ocasiões. Mas tão certo quanto a costela de guanaco estar no ponto para o jantar, a sopa pronta e o fogo queimando descontraidamente, era Pucho aparecer de repente na cena, procurar o local mais aconchegante perto da fogueira e aguardar alegremente sua refeição, como se nada tivesse acontecido.

Desta forma, quando ele desapareceu em Cabo Negro, não dei muita importância, pensando que certamente voltaria. Mas a hora do jantar chegou, e nada de Pucho; e ele não apareceu novamente, mesmo quando fomos para Sandy Point.

Esse era o pensamento que me preocupava enquanto caminhava até o cais, pois eu tinha simpatizado com esse cão, ou melhor, devo dizer que o tinha em reverencial admiração. Acredito que ele próprio rejeitaria o termo "simpatia", por soar patronagem. Meio distraída, antes de descer a escada para o barco, virei-me para dar uma última procurada por Pucho. Certamente aquele é um cão descendo a rua, pensei, enquanto olhava para cima; e era mesmo um cão, e mais do que isso, era Pucho! Não havia como confundir sua calma expressão, seu trote tranquilo. Ele escolheu cuidadosamente seu caminho ao longo do cais desgastado, balançou levemente o rabo ao me ver – uma grande condescendência – e, sem hesitar um momento sequer, liderou o caminho descendo a escada para o barco, para surpresa de meus companheiros, que achavam e esperavam realmente tê-lo visto pela última vez.

Eu o trouxe, ou melhor, ele veio comigo para a Inglaterra, e, enquanto escrevo, ele está sentado no canto mais aconchegante perto da minha lareira, um privilégio que ele permite ao meu terrier de estimação compartilhar com ele, um gesto muito estranho à sua natureza habitual e para o qual nunca fui capaz de encontrar uma explicação.

Então, estamos finalmente a bordo. Nos despedimos do Sr. Dunsmuir, a âncora é içada, a hélice gira e partimos.

Sandy Point desaparece de vista; um a um, Cabo Negro e Cabo Gregório são deixados para trás, e, antes que eu perceba – tão imersa estou nos pensamentos, que inundam minha mente ao avistar esses pontos familiares – já estamos ao lado de Cabo Virgens. Essa paisagem também desaparece rapidamente, não há mais terra à vista dos dois lados e a Patagônia, árida, silenciosa e solene, com os dias que passamos em suas misteriosas margens, está agora atrás de nós.

Enquanto escrevo, esses dias voltam vívidos à minha mente e, em pensamento, mais uma vez contemplo aquela terra deserta e distante – a terra das planícies solitárias, onde guanacos, avestruzes e índios vermelhos vagueiam longe do alcance da humanidade – onde passei um tempo despreocupada e feliz, que jamais poderei esquecer. Lembro-me dos dias em que, após uma longa e cansativa cavalgada, dormia com a sela como travesseiro, sob o céu aberto, tendo um sono mais tranquilo e doce do que jamais experimentara antes. Recordo as imponentes paisagens montanhosas, onde rastreamos o cavalo selvagem até seu lar, através de vales de faias, por lagos solitários, por torrentes de montanha, onde nenhum pé mortal jamais havia pisado antes de mim. Lembro-me de muitas perseguições emocionantes e de noites agradáveis passadas em volta da animada fogueira do acampamento.

Também me recordo de muitos desconfortos: o terremoto, as chuvas torrenciais, o sol escaldante, os mosquitos impiedosos e os terríveis ventos devastadores. No entanto, diante do prazer com que relembro minha vida selvagem na Patagônia, essas memórias desagradáveis têm pouca importância. Considerando tudo, foi um tempo muito feliz, uma época que eu olharia com prazer novamente.

FIM

NOTAS

SUMÁRIO

1 (NE) No original: "na ostrich egg": um ovo de avestruz. Realmente, quando Florence Dixie diz "avestruz", ela se refere à ema (Rhea americana), ave com aparência e porte bem semelhantes ao avestruz, termo que é a referência e conhecimento da autora. Sendo assim, em todo este livro, onde estiver escrito "avestruz", entenda-se "ema"; preferimos assim deixar para não desvirtuar a acepção da autora.

2 (NT) Berries são todas as pequenas frutas, em geral vermelhas ou negras, e, em sua maioria, dispostas em bagas, como amora, framboesa, mirtilo, morango etc.

CAPÍTULO I

1 (NT) George Chaworth Musters (1841–1879) nasceu em Nápoles, filho do comandante John Musters; ficou órfão aos quatro anos de idade e foi criado pelos tios, um deles capitão da Marinha Britânica. Aos 13, entrou para a Marinha e foi comandante de navios de guerra. Em 1869 viajou para a América do Sul, onde passou um ano viajando com índios da Patagônia. A experiência está relatada em seu livro "*At home with the Patagonians: a year's wanderings over untrodden ground from the Straits of Magellan to the Rio Negro*" (1871) e pela qual recebeu uma medalha da Sociedade Geográfica Real (Royal Geographic Society). Ficou conhecido como "o rei da Patagônia".
Fonte: University of Nottingham

https://www.nottingham.ac.uk/manuscriptsandspecialcollections/collectionsindepth/family/chaworth-mustersofannesley/biographies/biographyofgeorgechaworthmusters(1841-1879).aspx - Consulta em 05/04/2021
2 (NE) Pigafeta, cronista da viagem de circum-navegação do globo terrestre, capitaneada por Fernão de Magalhães, relata ter visto gigantes vivendo nesta região
3 (NT) No original, "barren": estéril, infértil, o que não se aplica corretamente à vegetação dos pampas, rasteira. Optei por traduzir assim.
4 (NT) "Moors", no original; urzal (ou charneca): "terreno árido e não cultivado onde só crescem plantas rasteiras e silvestres".
5 (NT) Tender: pequeno barco que vai e volta, atendendo às necessidades de um navio maior.
6 (NT) Whist: (uíste) jogo de cartas surgido por volta de 1857 na Inglaterra, considerado um precursor do jogo de bridge. Fonte: http://www.bridgesaopaulo.com.br/historia1.php (08/04/2021)
7 (NT) Em francês no original: "outro país, outros costumes"

CAPÍTULO II

1 (NT) No original, 1270 pés, que na conversão dá 387 metros. Mas os dados oficiais do site do Pão de Açúcar, entre outras fontes, dão a altura de 396 metros. Optei por manter a altura oficial.
2 (NT) Bandeira do Reino Unido da Grã-Bretanha e Irlanda do Norte
3 (NE) Essa a versão conhecida pela autora; outra versão é: Em

1817, foi registrada a primeira ascensão ao cume do Pão de Açúcar, pela inglesa Henrietta Carsteirs, que morava na cidade; aos 39 anos de idade aventurou-se pela rocha e fincou a bandeira de seu país no topo. Esse acontecimento causou certa agitação na cidade do Rio de Janeiro... no dia seguinte ao feito de Carsteirs, o soldado lusitano José Maria Gonçalves chegou ao cume do Pão de Açúcar. Lá, trocou a bandeira do Reino Unido pelo Pavilhão Real Português. https://companhiadaescalada.com.br/breve-historia-do-montanhismo (27/08/2023)

4 (NT) Hoje conhecido como Fortaleza de Santa Cruz da Barra, localizado em Niterói. Construído por Villegagnon em 1555 para defender a entrada da baía da Guanabara.
Fonte: http://www.funceb.org.br/espacocultural.asp?materia=265 (13/04/2021)

5 (NT) Não há precisão no número de armas que compunham o forte na época em que a autora esteve ali. Em meados do século XVIII, já havia 135 peças, aumentadas em mais de uma centena no século seguinte. O número deve ter sido uma suposição pelo que Florence podia ver.
Fonte: http://www.cml.eb.mil.br/fortes-e-fortalezas/niteroi-rj (13/04/2021)

6 (NE) Hotel Whyte: encontramos as seguintes referências na internet:
https://brasilianafotografica.bn.gov.br/brasiliana/handle/20.500.12156.1/6732, onde se vê foto deste local, foto de Marc Ferrez, executada circa de 1885; e, ainda, em https://www.facebook.com/sergiocastroimoveis/

posts/o-velho-palacete-itamaraty-no-alto-da-boa-vista/516715155032940/
vê-se foto deste local, com a seguinte explicação que reproduzimos aqui, por ser interessante historicamente:

"O pianista e compositor LOUIS MOREAU GOTTSCHALK foi o primeiro grande nome da música norte-americana a alcançar projeção internacional. Do próprio Chopin ouviu as seguintes palavras: "Você será o rei do piano!" E Gottschalk veio para o Rio de Janeiro. Seus concertos foram os mais concorridos da história do Império. Para se ter uma ideia, nos Estados Unidos os ingressos de seus recitais custavam em média 10 centavos de dólar. Aqui chegavam a 75 dólares !!! Um verdadeiro superstar !!! Mas, aos 18 de dezembro de 1869, após 21 dias enfermo, vítima de uma apendicite, com a idade de 40 anos, veio a falecer no HOTEL WHITE, no Alto da Boavista. Sim, minha gente, o HOTEL WHITE, ainda está de pé. Em petição de miséria, mas de pé !!! Antiga chácara de José Blanchet que foi comprada em 1844 por R. Bennet e transformada no HOTEL BENNET. Dos mais famosos do Alto da Boa Vista era muito visitado por membros da Família Imperial, estrangeiros, pessoas do governo e, mais tarde, por Presidentes da República. Em 1885 transformou-se em HOTEL WHITE e permaneceu em atividade até fins do século XIX. Será que teríamos como fazer algo para salvar essa edificação tão preciosa? Gente, como sempre digo, Gottschalk foi para os Estados Unidos o que Carlos Gomes representou para o Brasil !!! Seria mais um crime se esse palacete se transformasse, de uma hora para outra, como outros tantos, ultimamente, em cinzas ou entulhos."

Temos, aqui, uma não compatibilização de informações, pois Across Patagonia foi publicado em 1880 e Florence Dixie já o denominava Hotel Whyte; interessante ler os comentários publicados nesta página da internet.

7 (NT) No original, "snake of the cross"; provavelmente a urutu cruzeiro, *Bothrops alternatus*.

8 (NT) Vitória: modelo de carruagem surgido na Inglaterra em meados do século XIX, durante o reinado da rainha Vitória, derivada do Faetonte, puxada por um ou dois cavalos; tem dois assentos para passageiros e um para o cocheiro. Ainda é utilizada na Índia

CAPÍTULO III

1(NT) Espada de Dâmocles: expressão que significa perigo iminente. A expressão surgiu com a história do rei Dionísio, de Siracusa, na Sicília, que vivia em um palácio requintado onde seus criados atendiam a todos os seus desejos. Um de seus melhores amigos, Dâmocles, invejava-o e dizia que Dionísio tinha sorte por ter tudo o que queria. Cansado de ouvir o amigo, Dionísio propôs que Dâmocles passasse uma noite em seu lugar. Dâmocles prontamente aceitou e, então, recebeu um banquete com os melhores vinhos, música, flores, com todas as honras do rei. Mas, ao olhar para o alto, notou uma espada apontada para sua cabeça todo o tempo, pen-

durada apenas por um fio. Dionísio explicou que a espada o lembrava, sempre, dos riscos que corria, as ameaças que sofria e o preço que pagava pela vida de rei.
Fonte: https://brasilescola.uol.com.br/biografia/damocles.htm (03/05/2021)

2 (NT) No original, "black art", literalmente "arte negra". Magia negra foi o que mais fez sentido para mim, embora a autora pudesse estar se referindo às variações de religiões afro. Optei por magia negra.

3 (NE) Neste caso, e naquela época por desconhecimento geral, não bastaria escova e sabonete. Resolveu o problema o médico e higienista Oswaldo Cruz (1872 – 1917), entre os anos de 1903 – 1907, combatendo os vetores desta doença, o *Aedes aegypti* em especial, deixando o Rio de Janeiro praticamente livre deste mal.

4) (NT) Deixo como no original; atual Punta Arenas.

5 (NT) Faia: árvore de grandes dimensões que pode atingir 40 metros de altura, porte imponente, tronco espesso e copa oval. As folhas são ovadas, verde-brilhantes com nervuras paralelas. A faia ocorre em toda a Europa, sobretudo na Europa do Norte e Central.

6 (NT) Natural da Terra do Fogo, arquipélago situado no extremo sul da América do Sul.
Fonte: http://naturlink.pt/article.aspx?menuid=55&cid=3689&bl=1&viewall=true (06/05/21).

7 (NT) A autora usa o termo "inglês" (English), embora eles (os ingleses) prefiram e utilizem como regra geral o termo "britânico". Mantive a tradução fiel ao original.

8 (NT) Dez mil milhas (náuticas), aproximadamente 18500 km.

9 (NT) De Mefistófeles, personagem medieval que representa o mal, muitas vezes tido como o próprio Diabo. Retomado por Goethe em suas versões de Fausto. Fontes: https://www.lexico.pt/mefistofelico/ e https://www.infoescola.com/mitologia/mefistofeles/ (10/05/21).

10 (NT) Lébrel escocês, cachorro galgo de porte gigante, forte, com pelagem áspera e larga. Possuem instinto de caça e eram utilizados, antigamente, para caçar cervos. Fonte: https://www.peritoanimal.com.br/racas-de-cachorros/deerhound.html (11/05/21).

11(NT) Lurcher é designação genérica dada a todo cão de caça sem raça definida oriundo da mescla entre um cão do tipo lebréu e um cão de trabalho de outro tipo. É bastante utilizado para caça de lebres, por conta de sua velocidade, mas também é utilizado na caça de raposas, javalis e cervos. Fonte: https://pt.wikipedia.org/wiki/Lurcher (02/09/2023).

12(NT) *Gameness* – qualidade de cães de combate ou terriers que são seletivamente criados e condicionados, desde muito cedo, para desenvolver traços de ansiedade sob ameaças. Também podem ser descritos como perseverantes e dispostos. Fonte: https://educalingo.com/pt/dic-en/gameness (11/05/21).

CAPÍTULO IV

1 (NT) Tojo: arbusto de ramos espessos da família das leguminosas que pode atingir até 3m de altura e é recoberto de espinhos e flores amarelas. Fonte: https://michaelis.uol.com.br/busca?r=0&f=0&t=0&palavra=tojo (20/05/21).

2 (NE) Príncipe Henrique da Prússia (1726 – 1802), filho do rei Frederico Guilherme I, da Prússia e da princesa Sofia Dorotéia, de Hanover, um de seus avôs era o rei Jorge I, da Grã-Bretanha. Têm uma história interessante, que não cabe aqui, inclusive tendo sido cogitado para rei dos Estados Unidos da América. Houve ainda uma visita sua ao Brasil.

CAPÍTULO V

1 (NT) Narceja: ave de pequeno porte, bico longo, barriga branca e dorso nas cores marrom e palha, o que ajuda na camuflagem. É encontrado em áreas alagadas na América do Sul, especialmente na Argentina, Chile, Uruguai e sul do Brasil. Fonte: https://ebird.org/species/soasni1?siteLanguage=pt_BR (21/06/2021).

2 (NT) Uma tradução literal seria: "os guias esquecendo, pelos guias esquecidos" ou, ainda, "Os guias esquecem, pelos guias esquecidos". Não conseguimos encontrar referências a esta, provável, expressão idiomática.

3 (NT) Assim no original: Poços da Rainha.

CAPÍTULO VI

1 (NT) Tehuelche: primeiros povos indígenas sul-americanos a habitarem as planícies da Patagônia, do estreito de Magalhães ao Rio Negro. Dividiam-se entre os tehuelches do norte e os do sul, cada um com seu próprio dialeto. Tornaram-se conhecidos na literatura por sua alta estatura e força física. Sobreviviam da caça e do consumo de alguns vegetais, mas não praticavam agricultura. Acabaram sendo derrotados e culturalmente assimilados pelos conquistadores europeus. Fonte: https://www.britannica.com/topic/Tehuelche-people (06/08/2021).

2 (NT) Araucano, ou mapuche: povo indígena da região centro-sul do Chile e do sudoeste da Argentina. Fonte: https://educalingo.com/pt/dic-pt/araucano (23/07/2021).

3 (NT) "Roda da Fortuna": égua britânica puro sangue que viveu entre 1876 e 1903, vencedora de inúmeras corridas e prêmios. Eleita um dos dez melhores cavalos de corrida britânicos do século XIX pelo jornal "The Sporting Times". Fonte: https://en.wikipedia.org/wiki/Wheel_of_Fortune_(horse) (28/07/2021).

4 (NT) Chiripá: "peça de vestuário usada no passado pelos homens do campo, sul-rio-grandenses, argentinos, uruguaios e paraguaios, que consistia num retângulo de pano, geralmente de lã vermelha, passado entre as coxas e preso à cintura." Fonte: Dicionário Online Oxford Languages (28/07/21).

5 (NT) No original pemmican: uma mistura de carne seca de caça com igual quantidade de gordura e frutas secas. A

receita, utilizada por índios nativos norte-americanos e levada a outras regiões das Américas por exploradores britânicos, existe até hoje. Fonte: https://www.britannica.com/topic/pemmican (07/08/2021).

6 (NT) Cães utilizados para guardar gado, também chamados de molosso. Fonte: https://www.dicio.com.br/rafeiro/ (31/07/2021).

CAPÍTULO VIII

1 (NT) A tradução para cranberry é airela, oxicoco ou ainda mirtilo vermelho mas acredito que seja mais conhecida em seu nome original, mesmo no Brasil.

2 (NT) Rook-rifle*:* Rifle criado no final do século XIX pelos fabricantes de armas "Holland & Holland", da Inglaterra, especialmente para um evento cuja abertura acontecia no dia 15 de maio, conhecido como caçada aos "rooks", pássaros conhecidos como gralhas, da mesma família dos corvos. O evento reunia desde a realeza até camponeses que levavam seus rifles na caçada. A arma é de disparo único, com precisão para curtas distâncias, especialmente designada para matar pragas e pequenos animais. Fontes: https://rifleshootermagazine.co.uk/article/19th-century-rook-rifles; https://www.hallowellco.com/rook_rifle.htm; https://www.grayssportingjournal.com/rooked/ (20/01/23).

3 (NT) Galgo; cão de caça de porte esbelto, fino.

CAPÍTULO IX

1 (NT) Íbis: Ave de pernas longas e cauda curta. Possui bico comprido, fino e curvado. Parente de garças, cegonhas e flamingos, costumam viver em águas rasas como pântanos, lagoas, lagos e baías. Fonte: https://escola.britannica.com.br/artigo/%C3%ADbis/481545 (05/04/2021).

2 (NT) A conversão de 15 palmos em metros equivale à 3,4. Se colocarmos em metros, a frase fica sem sentido, porque um pequeno animal não pode ter cerca de três metros e meio.

3 (NT) O deerhound ou lébrel escocês, oriundo do Reino Unido, é uma raça de cães do tipo lebreiro, especializada originalmente na caça ao veado (em inglês: *deer*), de onde herdou o nome. Fonte: https://pt.wikipedia.org/wiki/Deerhound (07/09/2023).

CAPÍTULO X

1 (NE) “bolas”, assim no original. Provavelmente uma boleadeira.

2 (NE) *Ipso facto*, assim no original; expressão latina, significa: “pelo próprio fato”, “por isso mesmo”.

CAPÍTULO XI

1 (NT)”Berberis”, em português “berbéris” ou “berberide”. Essas plantas são conhecidas por suas folhas espinhosas e frutos vermelhos ou amarelos, e podem ser utilizadas como ornamentais ou para a produção de alimentos e remédios.

CAPÍTULO XII

1 (NE) Madrina, no original: O papel de liderança num rebanho cabe a uma égua, conhecida coloquialmente como a "égua madrinha" ou "égua chefe". A égua determina o movimento da manada, com vistas a obter alimentos, água e refúgio. Também determina a rota que o rebanho toma ao fugir do perigo; nas tropas cargueiras geralmente se coloca um cincerro nestas madrinhas.

2 (NE) em francês, no original: no minuto, rápida, instantânea

CAPÍTULO XIII

1 (NT) Califate: *(Berberis ruscifolia)* planta arbustiva sul-americana, da família das Berberidáceas, pode atingir cerca de dois metros de comprimento e tem folhas espinhosas, flores amareladas reunidas em racemos e pequenas bagas comestíveis. Fonte: Infopedia (https://www.infopedia.pt/dicionarios/lingua-portuguesa/calafate) (abril/2023).

2 (NT) Julienne é um tipo de sopa de legumes, receita tradicional francesa. Também se usa essa expressão aqui no Brasil, a sopa Julienne.

39) (NE) no original: "... the cat with its nine lives..."; no Brasil, seriam: 7 vidas.

CAPÍTULO XIV

1 (NE) As Agulhas de Cleópatra (*Cleopatra's Needle*) são o nome dado a um par de obeliscos, cuja construção foi ordenada pelo faraó Tutmés III no século XV a.C.. Inicialmen-

te foram erguidas na antiga cidade de Iunu, a "Heliópolis" do Egito. Posteriormente foram transladadas a Alexandria, por desejo do romano César Augusto. No século XIX foram levadas a Londres e Nova Iorque, respectivamente. Às vezes também é denominada, por erro, como *Cleopatra's Needle* o obelisco erguido na Praça da Concórdia, em Paris, presenteado à França por Maomé Ali em 1826.

Os obeliscos foram esculpidos em granito vermelho, medindo cerca de 21 metros de altura, e pesando aproximadamente 180 toneladas. A palavra "obelisco" provem do termo grego *obeliskos*, diminutivo de *obelos*, que significa "agulha". Mas, apesar de seu nome, as Agulhas não tem relação com a ra inha Cleópatra. A Agulha de Londres está localizada em Westminster e a de Nova Iorque no Central Park. Fonte: https://pt.wikipedia.org/wiki/Agulhas_de_Cleópatra (08/09/2023).

CAPÍTULO XV

1 (NT) Índios Araucanianos: qualquer membro do grupo de indígenas sul-americanos que hoje se concentram nos vales férteis da parte centro-sul do Chile. Os primeiros araucanianos encontrados pelos espanhóis (1536) foram os "picunche" que viviam sob influência cultural e política Inca desde o século 15. Fonte: https://www.britannica.com/topic/Araucanian (julho/23).

2 (NT) Chilotes: nativos das ilhas que compõem o arquipélago de Chiloé, composto por mais de 30 ilhas, no sul do Chile. Tomado pelos espanhóis, o arquipélago foi controlado por

eles até 1826. Muitos chilotes migraram para o continente e para a Argentina, incluindo a região da Patagônia. Fonte: https://www.britannica.com/place/Chiloe-Island (julho/23).

CAPÍTULO XVII

1 (NE) Puck: gnomo; Ariel: não encontrei referência; Titânia: rainha das fadas; Oberon: uma fada, do sexo masculino.
2 (NT) Espécie de animal do tipo da cabra, nativo das montanhas da Europa e do Oriente Médio. Fonte: https://www.britannica.com/animal/chamois-genus-of-mammals (junho/23).

CAPÍTULO XXI

1(NE) Raça de cães de caça.

CAPÍTULO XVIII

1 (NE) Assim no original; não consegui encontrar a grafia correta e nem a correspondência em português.

Este livro foi compsto com as famílis tipográficas Minion Pro e Garamond e impresso em papel Polen Soft 80g e impresso pela gráfica LIS